Jahresringe erzählen

Inhaltsverzeichnis

Vorwort

„Ich komme aus einer anderen Zeit"

Warum habe ich dieses Buch geschrieben?

Weil mir klar geworden ist, wie wenig meine Kinder in Wahrheit von meiner Jugend und meiner aktiven Zeit wissen. Ich war und bin keine große mündliche Erzählerin. Das Schreiben fällt mir leichter. Und das ist dabei herausgekommen. Für die wichtigsten und liebsten Menschen in meinem Leben. Für meine Familie. Und weil Familie und Betrieb so eng miteinander verwoben sind, ist es auch ein sehr persönliches Porträt unseres Hauses geworden. Eine Wegstrecke mit Geschichten, die im Hochschober passiert sind, mit allen Höhen und Tiefen. Es hat mir gut getan, zurückzublicken, die Erinnerungen an „meine Zeit" niederzuschreiben, da und dort genauer hinzuschauen. Es hat mir viel gebracht. Und gleichzeitig ist es mir wichtig, den Blick nach vorne zu richten, auf die Zeit der nächsten Generation.

Barbara Leeb

Jeder Vogel liebt sein Nest.
Abchasisches Sprichwort

Wann immer du eintrittst . . .

Von Werner Fantur (aus: Der Hochschober, 2001, Heyn)

Wann immer du eintrittst in dieses Land:
Unter dem Goldbogen
eines leuchtenden Morgens,
im Strahlen des Mittags
oder im Zauber der Farben
des niedersteigenden Abends,
in dunklen oder in schimmernden Nächten,
im jauchzenden Föhn eines Frühlings,
im Glanze eines Sommertages,
im Gluten herbstlicher Wälder
oder im blauen Lichte eines Winters –
wann immer du kommst:
In Sonne, auch wenn
dunkle Regenwände die Welt verhüllen,
wird etwas in Dir aufklingen,
als ob Du es lange schon kennst.

Du möchtest die Hand ausstrecken,
das Gleichschwingende zu grüßen.
Du bist daheim hier –
ob du von den Ebenen kommst,
von den Wassern oder Bergen,
Du bist daheim hier,
welche Sprache Du auch sprichst.
Und wie die Welt sich hier baut
von den Tälern zu den Wolken,
klingt das Lied mit dem Baß
aus Bach- und Waldesrauschen
bis zur schwebenden Überstimme,
die wie ein Windhauch darübergleitet.

Irgendwo ist eine Weise,
die Dich berührt,
irgendwo ist das Echo der eigenen Stimme,
Deines Lachens, das Pochen Deines Herzens,
der Gleichklang Deines Sinnens.
Wie weit auch
das Ahnen des Blutes zurückzulauschen vermag,
immer raunt Dir hier Antwort.
Darum gehe offenen Auges und Herzens
durch dieses Land – durch Dein Land!
Dich selbst zu suchen und zu finden.

Beim Ronacher an der Gurk

Einfach ist es nicht, dort hinaufzukommen. Wenn man von der Turracher Bundesstraße bei der Haltestelle „Prekowa", kurz vor Weißenbach, zur Sonnseite schaut, steht hoch oben, unter dem Wald, ganz alleine, der Ronacherhof. Rechts und links, oben und unten abschüssige Wiesen, Äcker und Viehweiden.

Damals war die Straße ein steiler Fuhrweg mit vielen Kurven. Eine gute halbe Stunde flotten Fußmarsches, dann war man oben. Es gab auch Abkürzungssteige, wenn's einmal eilig war.

Oben angelangt ist der Weitblick ins Tal grandios. Nach Süden hin bis zu den Karawanken, dem Hochobir, links gegen Osten die Petzen, weiter rechts nach Westen hin der Hochstuhl. Ein freier, weiter Blick über circa sechzig Kilometer Luftlinie bis zu den Nordhängen der Karawanken. Ein Platz der jeden erst einmal tief durchatmen lässt und befreiend wirkt. Das Gefühl, wahrlich „darüberzustehen".

Ein weiteres Attribut ist die sonnige Lage unter dem Schutz des Fichtenwaldes. Ob Winter oder Sommer, die Sonne zieht ihre Bahn, ob hoch oder niedrig, auch über dem Nebelmeer im Herbst.

Der Ronacher ist ein kleiner Hof. Die Felder, Wiesen, Viehweiden steil und unwegsam. Nur wenig ebene Fläche gibt es zwischen Haus und Stadel. In den Fünfzigerjahren, als ich dort aufwuchs, wurde für den Eigenbedarf alles Notwendige selber angebaut. Getreide, Kartoffeln, Gemüse, Mais, Mohn. Mit dem Obst war es nicht allzu weit her, auf alten Bäumen wuchsen Mostbirnen, Äpfel und Kirschen. Bei den Kirschen waren die Vögel beim Abernten immer schneller als wir. Deshalb nannten wir sie auch Vogelkirschen.

Geld war knapp, aber zum Leben reichte es. Ich kann mich nicht erinnern, jemals etwas vermisst zu haben. Ich kannte es nicht anders. Es war gut so, wie es war.

Meine Mutter kam mit mir zum Ronacher, als ich ein halbes Jahr alt war. Weil die Schlafstube kalt war, hat mir der Großvater einen angewärmten Tonziegel mit einem Wolltuch umwickelt ins Bettchen gelegt. Er hat mich auf diese Weise willkommen geheißen, wurde mir später erzählt.

Nach einigen Wochen musste meine Mutter wieder arbeiten gehen und ich blieb bei meinen Großeltern. Eine glückliche Fügung, denn ich durfte behütet, geborgen und geliebt in einem guten Zuhause heranwachsen.

Im Gegensatz zu mir hatte meine Mutter eine schwere Kindheit und Jugend. Ihre Mutter starb, als sie selber sieben Jahre alt war. Ihre ältere Schwester Resi sollte bald darauf als Pflegekind zu einem Bauernhof nach Gnesau kommen. Resi weigerte sich aber, dorthin zu gehen, so wurde Maria, die jüngere, stattdessen dorthin gebracht.

Später erzählte sie, wie schwer es war, von daheim fortgehen zu müssen und wie sehr sie mit Heimweh zu kämpfen hatte. Die Bäuerin vom Hof versorgte sie ordentlich. Bald musste sie nach der Schule kleine Arbeiten im Haus und am Hof übernehmen. Früher war das einfach gang und gäbe. Auch nach Beendigung der Schule blieb meine Mutter dort und arbeitete überall mit. Sie lernte vieles über Haushalt, Gartenpflege, Feld- und Stallarbeit. Sie erzählte Erfreuliches über diese Zeit und über die Hausleute.

Erst als die Bäuerin krank wurde und bald darauf starb, änderte sich alles drastisch. Junge Frauen waren auf den Höfen oftmals „Freiwild" und den Übergriffen der „Vorgesetzten" ausgeliefert. So erging es auch meiner Mutter. Sie verließ den Hof bei Nacht und Nebel. Zu dieser Zeit erkrankte die Schwester ihrer verstorbenen Mutter in Villach schwer. Maria wurde als Pflegerin dorthin geschickt und kam dabei vom Regen in die Traufe …

Am 31. Oktober 1946 brachte sie mich in Villach zur Welt. Fremdbestimmt ist ihre Jugend verlaufen. Soll man es Schicksal nennen? Später, als sie heiratete und mit ihrem Mann Otto Wulz weitere vier Kinder hatte, meine Halbgeschwister Gernot, Gisela, Otto und Andrea, nahm sie ihr Leben selber fest in die Hand. Sie ist für mich das Sinnbild einer „Mutter Courage". Ich bewundere und verehre sie.

Meine Großmutter war meine „Mutter"

Sie war für mich die „richtige" Mutter. Sie zog mich groß und lehrte mich die wichtigen Dinge des Lebens. Sie war eine besonnene Frau mit Herzensbildung, die reiflich überlegte und dann erst ihre Meinung kundtat. Dunkle, gute, aufmerksame, Augen, kräftige Augenbrauen. Oft blitzten ihre Augen im Schalk, sie hatte viel Humor und Witz.

An Werktagen trug sie immer eine Blaudruckschürze und ein nach hinten gebundenes Kopftuch. So war es auf dem Land üblich. Sonntags war es eine schwarze, glänzende Satinschürze. Ich mochte ihren angenehmen Geruch. Sie war praktisch unentwegt am Arbeiten, außer in wenigen Momenten. Wenn sie sehr müde war, verschränkte sie die Arme auf dem Tisch, legte den Kopf darauf und ruhte so für eine kurze Zeit. Dann nahm sie wieder das Strickzeug her.

Das Haus, das Vieh im Stall, der Garten waren ihr Reich, auch die Feldarbeit. Sie holte aus allem, was die kleine Landwirtschaft hergab, das Beste heraus. Auch gekocht hat sie wunderbar. Von ihren einfachen, köstlichen Gerichten schwärme ich heute noch. Die Gemüsesuppe, der Schweinsbraten am Sonntag, Reindling, Krapfen, Ofennudeln, geröstete Erdäpfel und Grantnsoße, beispielsweise.

Wenn jemand in der Familie krank war oder sich verletzte, waren ihre angewandten Hausmittel wirksam und heilend. Topfen- oder Essigwickel, Salbeitee zum Gurgeln, Grantnwasser gegen Fieber, Hollersulze, getrocknete Schwarzbeeren gehörten unter anderen zu ihren wirksamen Mitteln gegen alle möglichen Krankheiten. Ihre selbst zubereitete Salbe aus Bienenwachs, Schweinefett, Ringelblumen und Lärchenpech (Lirgat) war eine Wunder-Heilsalbe für vielerlei Wehwehchen. Die Darmolpillen und essigsaure Tonerde mussten auch immer vorrätig sein. Der Hausarzt wurde erst geholt, wenn die eigene Hausapotheke nicht mehr ausreichte.

Das Vieh im Stall war jedenfalls ihr ganzer Stolz. Gut gepflegt und genährt die Kühe und Kälber, die Muttersauen und Ferkel, die Hühnerschar, weil sie wichtig für unser Leben am Hof waren. Schon als kleines Kind ging ich gerne mit ihr in den Stall. Ich erinnere mich genau und wenn ich die Augen schließe, erlebe ich es wieder.

Ein sauberer Stall riecht nach Bergwiesenheu, Unterstreu, frischem Mist, dem warmen Geruch von wiederkäuenden Rindern, der frisch gemolkenen Milch, nach dem Futter der Ferkel (einem Gemisch aus gedämpften Erdäpfeln, Rüben, Getreidekleie) – dem „Stallgeruch" eben!

Ich erinnere mich an die Stall-Katzen, die um die Füße schmeichelten und miauend auf die Milch für ihre Schüssel lauerten. Die Tiere bekamen nacheinander ihr Futter vorgesetzt, alle schmatzten, kauten, schlabberten und waren zufrieden.

Ein Erlebnis war es jedes Mal, wenn im Stall ein Kalb geboren wurde oder die Muttersau zehn oder zwölf Ferkel warf. Was für eine Aufregung! Der Geruch der kleinen quiekenden Ferkel, die sich eine Zitze von ihrer Mutter mit aller Kraft erkämpften. Die Starken gewinnen immer! Da musste gut aufgepasst werden, dass die gewichtige Sau beim Hinlegen nicht eines oder mehrere ihrer Jungen erdrückte. Wenn es viele Ferkel gab, mussten die Schwächeren zusätzlich mit der Milchflasche gefüttert werden, damit sie den Start ins Leben schafften.

In der kälteren Jahreszeit kam es oft vor, dass die frisch geschlüpften, kleinen, flaumigen, piepsenden Küken die ersten Lebenstage in einem Pappkarton mit Heu neben dem warmen Ofen in der Küche zubrachten, bevor sie in die Obhut ihrer Hennenmutter entlassen wurden.

Bei einem meiner Stallbesuche nahm mich die „Pleama", eine ältere und gute Milchkuh – aber grantig im Wesen –, auf ihre Hörner. Ich stand ihr im Weg. Sie beförderte mich von einer Stallseite auf die andere. Es ist mir weiter nichts passiert und Wehleidigkeit fand kein offenes Ohr. In der Folge machte ich aber immer einen weiten Bogen um sie!

Mein Großvater und die Bücher

Woran erinnere ich mich, wenn ich an ihn denke ... An einen Mann, der sein Lebtag lang schwere Lasten auf seinen Schultern trug. An sein Schicksal als Familienvater und seine Arbeit als Bergbauer und Holzknecht.

Den Ersten und Zweiten Weltkrieg erlebte er mit und auch vier Jahre Gefangenschaft in Russland am Baikalsee, wo er beim Eisenbahnbau arbeitete.

Seine erste Frau starb mit 29 Jahren. Vier Kinder zwischen einem Jahr und acht Jahren waren Halbwaisen. Es war eine schwere und traurige Zeit. (Maria, meine Mutter, kam mit sieben Jahren auf einen Hof als Pflegekind und blieb dort fünfzehn Jahre lang.) Resi und Rikki blieben beim Hof, Othmar war der Kleinste, er kam zu seiner Tante nach Villach. Großvater heiratete wieder und seine zweite Frau, Katharina Prossegger, war den Kindern eine herzensgute Mutter.

Mein Großvater war mittelgroß, in seiner Jugend blond, später grauhaarig, gebeugt, mit langsamen, bedächtigen Schritten und Bewegungen. Sehr klare, blaue Augen waren da, hinter Brillengläsern, die ihm ständig vorne auf die Nasenspitze rutschten. Diese Gläser hat er fast nie geputzt, selten waren sie wirklich sauber. Wenn ich sie ihm reinigte, dann bedankte er sich mit den Worten: „Jetzt sieht die Welt wieder freundlicher aus." Und er rauchte gerne Pfeife. Auch wenn sie kalt war, hatte er sie im Mundwinkel hängen.

Zu Hause war er schweigsam. Ich habe ihn als Kind aber auch gewitzt und schadenfroh erlebt. Manchmal jähzornig, aufbrausend. Er war kein „Einfacher", wie man so schön sagt. Das Leben in der Abgeschiedenheit lässt Menschen so werden.

Er war überaus belesen, gescheit, interessiert an Geschichte und Politik. Wenn Besuch kam oder wenn er gelegentlich ins Gasthaus ging, konnte er stundenlang diskutieren, politisieren, sich austauschen.

Sein Beruf als Bauer und zeitweise als Holzknecht verlangte körperlich alles von ihm ab. Mein inneres Bild von ihm ist, dass er etwas Schweres auf seinem Rücken oder seinen Schultern trägt. Die Heuburen, die er von der steilen Wiese in den Stadel schleppte. Die Säcke mit den geernteten Erdäpfeln, die in den Keller kamen. Die Getreidegarben wurden mit einem Ziehschlitten in den Stall zur Dreschmaschine gezogen. Das Getreide dann in Säcken zur Mühle unten an der Tiebel gebracht, das Mehl wieder zurück auf den Hof. Es ist unglaublich, welche Kraft mein Großvater gehabt hat. Auch alle Einkäufe von Lebensmitteln, die es am Hof nicht gab, wurden mit dem Rucksack heimgetragen. Da hat sich die Großmutter genauso wenig geschont. Dieses Wort – „schonen" – wurde, soweit ich mich erinnere, überhaupt nie verwendet.

Eine Besonderheit fällt mir in diesem Zusammenhang ein: Frauen schleppten vor sechzig oder siebzig Jahren keine schweren Einkaufstaschen in ihren Händen, sondern benutzten runde, geflochtene Weidenkörbe, die sie auf dem Kopf trugen.

Zwischen Kopf und Korb kam ein runder, fester, kleiner Polster, der so genannte Riegel. Der war so geformt, dass der Korb gut austariert aufsaß. Aufrecht und kerzengerade ging die Trägerin damit vom Einkaufen heim oder kilometerweit von der Sennerhütte hinab ins Tal. Damit nicht genug, hatten manche der geübten Korbträgerinnen auch noch ein Strickzeug in der Hand, strickten während des Gehens. Meine Großmutter und die Geiger Fana, unsere Nachbarin, beherrschten es perfekt. „Multitasking" ist, so gesehen, keine Erscheinung unserer Zeit.

Alle zwei oder drei Wochen fuhr der „Vater", wie ich meinen Großvater nannte, nach Feldkirchen in die Stadtbibliothek. Mit einem Rucksack voll geborgter Bücher kam er heim. Wenn es ihm einfiel, brachte mir der Großvater auch etwas Süßes aus der Stadt mit: ein viertel Kilo Würfelzucker, statt Zuckerln. Er war ein sparsamer Mensch und ich genoss die Süßigkeit.

Im Alter von acht, zehn, zwölf Jahren freute ich mich jedes Mal auf die Lektüre, denn von ihm habe ich die Lust zum Lesen übernommen. Ich las, was mir unterkam, alles was den Großvater interessierte. Später in der Lehrzeit las ich immer die Zeitungsseiten, mit denen die Stellagen im Magazin ausgelegt waren. Ich wurde oft dabei „erwischt".

Großvater hatte eine Eigenheit, die ganz speziell war. Auf dem Weg von der Bushaltestelle hinauf auf den Berg zum Ronacher las er immer die Zeitung. Das ging so: Rucksack auf dem Rücken, Brille auf der Nase, Zeitung aufgeschlagen in den Händen. Langsamen Schrittes bergauf, stehen bleiben, einen Schritt zurück, stehen bleiben, langsam wieder weiter. Er brauchte eine ganze Weile und als er daheim angekommen war, war auch die Zeitung fertig gelesen.

Bevor der elektrische Strom bis zum Ronacher geleitet wurde, gab es die Petroleumlampe und, als große Errungenschaft, ein Radiogerät mit Akku. Dieser Akku, ein schweres Trumm, musste immer wieder unten beim Nachbarhof aufgeladen werden. Das Radio selbst, ein dunkler Kasten mit Knöpfen und ein paar gelben Tasten, stand auf einem Bord beim Esstisch. Der Empfang war nicht gut, oft war nur ein Rauschen und Krachen zu hören. Großvater aber liebte das moderne Gerät, war es doch für ihn das Tor zur Außenwelt. Einmal täglich die Nachrichten, die Sendungen für die Landwirtschaft und am Sonntagnachmittag die beliebte „Jägerstunde" mit Georg Bucher und Heide Mautz!

An Sonntagen kam auch gelegentlich jemand aus der Verwandtschaft oder Nachbarschaft zu Besuch. Da erzählte Großvater gerne vom Krieg, von der Zeit im Lager in Sibirien und wie sie diese Zeit verbracht hatten. Viel wusste er zu berichten – damals als Kind habe ich nur halb zugehört. Heute tut es mir leid, dass ich nicht besser aufgepasst habe.

Wenn es im Sommer dann und wann ein Unwetter gab und der Regen sturzflutartig von den Hängen schoss, zog sich Großvater einen alten Janker an, stülpte sich einen Jutesack wie eine Kapuze über Kopf und Rücken, packte eine Haue, grub eine Suachn (Rinne) und machte so den Weg frei. Damit verhinderte er, dass das reißende Wasser den Weg unterspülte oder gar wegriss.

1946, so erzählte mir meine Tante, Maria Seebacher, kam der elektrische Strom auch zum Ronacher. Manches wurde dadurch leichter. Mitte der Fünfzigerjahre baute mein Onkel eine Materialseilbahn. So konnten Lasten leicht befördert werden und auch das Pflügen mit der Seilwinde und der Heutransport wurden einfacher. Wenn im Frühsommer die erste Mahd fällig war, mähte mein Großvater die Wiesenränder besonders sauber mit der Sense aus. Dabei entdeckte er dort die Walderdbeeren, die süß, rot und reif zum Pflücken waren. Er schnitt sie mitsamt den Stielen ab, steckte diese unter das Hutband und brachte sie mir als Geschenk mit nach Hause. Ein Hut mit einem

Kranz von Erdbeerbüscheln! So schön zum Anschauen und ein aromatischer Genuss.

Er war aber auch boshaft und schreckte mich fürchterlich, wenn er mir eine Blindschleiche oder eine Eidechse in die Hand drückte und ich mich vor lauter Grausen schüttelte und schrie. Gemein fand ich es, wenn er den elektrischen Zaun mit der linken Hand anfasste und mich mit der rechten.

Unsere Bienenhütte stand ganz nahe am Haus, gleich neben der hinteren Haustüre, keine fünf Meter entfernt. Das Bienenvolk war mir vertraut, ich fürchtete mich nicht und wurde auch kaum gestochen. Großvater machte mir vor, wie man mit ihnen umgeht. Nur wenn schlechtes Wetter im Anzug war, hatten die Bienen das im Gespür und stachen öfter zu. Im Frühsommer ging es ans Honigschleudern. Die Rahmen mit den vollen Waben wurden erst abgedeckelt und in eine emaillierte Tonne gestellt. Durch die Zentrifugalkraft des Drehens mittels einer Kurbel wurde der Honig herausgeschleudert. Dieser floss aus der Tonne durch ein Rohr warm, samtig und dunkel in den bereitgestellten Eimer. Wie gut das duftete! Ich muss da etwa zwei oder drei Jahre alt gewesen sein, da hab ich von diesem warmen, frischen Honig zu viel geschleckt und bin dann recht elend und krank geworden. Für kleine Kinder ist Honig gar nicht so bekömmlich.

Leidend war ich auch in einem dieser Jahre, in einem Winter mit tiefen Temperaturen und harschigem, hartem Schnee neben dem Haus, als ich noch nicht so sicher auf den Beinen und mir der Gefahr nicht bewusst war: Auf dem steilen Hang, neben der hinteren Haustüre, etwa achtzig bis hundert Meter bis zum unteren Weg, bin ich „obgwolgn". Im Sommer kam das durchaus öfters vor, aber im Winter hinterließ diese Roll- und Rutschpartie überall Schürfwunden – am ärgsten am Hinterteil. Das war ein Jammer. Es brauchte lange, bis alles wieder verheilt war. Doch damit nicht genug – dasselbe passierte mir noch ein zweites Mal!

Volksschulzeit von 1953 bis 1961 in Gnesau

Ich ging gerne in die Volksschule. Das frühe Aufstehen war kein Problem, denn alle anderen im Haus waren sowieso schon auf den Beinen. Der Schulweg war ein wichtiger Bestandteil der Schulzeit, eine Herausforderung bei jeder Wetterlage. Mit den Buben und Mädchen von den am Weg liegenden Höfen und Häusern marschierte ich gemeinsam tagaus tagein, einmal gab es Streit und Zoff, dann wieder ewigen Freundschaftseid! Das Wegenetz von und zur Schule war verzweigt, und je nach Lust oder Weile wurde eine Variante gewählt. In die Schule brauchten wir eine gute Stunde, nach Hause oft drei bis vier Stunden. Im Winter war es bitterkalt und über die „Lapean“ (die Ebene neben der Gurk) pfiff der Wind durchs Tal. Ich weiß noch, dass ein Mädchen auf dem Weg in die Schule weiße Flecken auf Wangen und Ohrläppchen bekam. Ich habe sie fest massiert, um die Erfrierungsgefahr zu mindern. Bitterweh tat auch der Frost unter den Fingernägeln, wenn wir ins warme Klassenzimmer kamen. Die meisten der Schüler hatten wollene, handgestrickte Janker und Strümpfe, die im Raum langsam vor sich hindampfend halbwegs trockneten.

Meine ersten Schi – auf die war ich natürlich besonders stolz. Alleine Schi fahren ist aber der halbe Spaß, so habe ich mich immer mit Wilfried Sonnleitner vom Nachbarhof Ebner verabredet. Beim Ebner gab es den idealen Übungshang, den wir mittels Auf- und Abbretteln perfekt präparierten. Auch das Schanzenspringen übten wir – da war mir der Wilfried allerdings haushoch überlegen.

Einmal mussten wir die Schi für einen Schitag in die Schule mitnehmen. Ich freute mich sehr darauf. Leider machte ich den Fehler, dass ich unterm Ronacher über einen Wasserlauf fuhr und sich dabei die Holzschi vollkommen mit Schnee und Eis verpickten. Ich war verzweifelt, aber ich gab nicht auf. Ich schulterte Brettln, Stecken und Zegger (also die Schultasche), und marschierte so eine Stunde zur Schule. Meine gute Kondition kam nicht von ungefähr.

Meine Lieblingsfächer waren Heimatkunde, Geografie – ich muss geahnt haben, dass es sich lohnt aufzupassen; Geschichte – interessierte mich sehr; Deutsch – in den Satzanalysen war ich unschlagbar! Aufsätze – schrieb ich mit Begeisterung, die Phantasie kannte keine Grenzen. Turnen – da war ich gut in Hoch- und Weitsprung; Zeichnen – Oberlehrer Siegfried Höffinger bewahrte Zeichnungen von mir auf; Handarbeiten – war auch in Ordnung; Rechnen – damit stand ich ständig auf Kriegsfuß, es war überhaupt nicht das Meine.

Das Schulgebäude steht übrigens heute noch so da wie vor sechs oder sieben Jahrzehnten. Direkt an der Bundesstraße, mit einem großen Pausengarten.

Es gab zwei Lehrerinnen, eine für die 1. und 2. Klasse und eine für die 3. und 4. Klasse. Die vier Oberstufen unterrichtete der Oberlehrer Höffinger selbst. Neben der schwarzen Tafel mit den Kreidestücken, dem Schwamm und der Waschschüssel hing oben an der Wand, neben dem

Kruzifix, das Bild vom Bundespräsidenten Dr. Adolf Schärf, der weise und gütig zu uns herunterschaute. Die Klassen waren übervoll, mit bis zu vierzig Schülern. Es gab auch Nachmittagsunterricht bis 16 Uhr. In der Mittagspause gingen manche Kinder, die näher wohnten, zum Mittagessen heim. Die anderen hatten ihre Schuljause mit dabei.

Insgesamt herrschten in der Schule raue Sitten! Es gab noch Strafen in Form von „Batz'n". Das war ein dünnes Staberl, mit dem die Lehrkraft auf die Handflächen „klopfte" – je nachdem, mehr oder weniger! Auch kam es vor, dass die „Ungezogenen" an den Ohren „gezogen" wurden. Oder neben dem Ofen mit dem Gesicht zur Wand stehen mussten. In besonderen Härtefällen kam das Knien als Strafe zur Anwendung.

Oberlehrer Höffinger war ein guter, strenger Lehrer. Er konnte anschaulich und interessant vortragen. Er war auch überaus musikalisch, spielte Geige, Gitarre, Harmonika und Blasinstrumente. Wir lernten viel bei ihm.

Für die Hauptschule hat daheim das Geld nicht gereicht – deshalb wurde ein weiterer Schulbesuch gar nicht erst ins Auge gefasst. Ein Musikinstrument lernen? Auch nicht. Beim Chorsingen war ich gerne mit dabei.

1956 gab es in Ungarn die Revolution mit Straßenschlachten und vielen Toten in Budapest. Wir Schulkinder erlebten, dass das kleine Dorf Gnesau plötzlich mit fremden Menschen bevölkert war. Dort, wo es möglich war, wurden sie untergebracht. Auch beim Gasthof Marktl sah man eine Menge Flüchtlinge. Ich erinnere mich an Aufregung und Unruhe. Doch nach einiger Zeit verschwanden sie allmählich wieder. Es hieß, dass einige davon nach Amerika und Australien ausgewandert sind. Schicksale, von den politischen Mächten ausgelöst.

Wenn ich zurückdenke und in die Vergangenheit eintauche, dann fällt mir auf, dass mir Begräbnisse besonders stark in Erinnerung geblieben sind. Die Verstorbenen wurden in ihren Häusern aufgebahrt. Entweder in der Lab'n (Vorhaus) oder im Schlafzimmer. Dumpfer, schwerer Geruch mit Weihrauch, Kerzen, vielen Kränzen und Blumen. Dicht gedrängt die dunkel gekleideten Menschen beim Beten. Die Männer in Gruppen vor dem Haus. Die trauernde Familie versammelt. Die Segnung vom Pfarrer. Die vier Träger, die das symbolische Kreuzzeichen mit dem Sarg zeichneten. Vor dem Haus der schwarze Leichenwagen mit den Rappen. Oft war der Weg zur Kirche weit und der lange Leichenzug war stundenlang unterwegs.

Nach der Kirche und der Bestattung wurde ins Wirtshaus eingeladen. Da wurden reihenweise Geschichten vom Verstorbenen erzählt, es wurde gescherzt und gelacht. Und einige der „Leich-Geher" waren auf ihrem Heimweg auf eher unsicheren Beinen unterwegs.

Die Arbeiten am Hof im Lauf der Jahreszeiten

Wenn im Frühjahr, etwa im März, die Felder ausaperten, kam der Stallmist aufs Feld. Anfangs mit den Kühen im Vorspann, später mit Pferd und einem Gratn, wurde der wichtige Dünger auf die Hangwiesen ausgebracht. Das Miststreuen war schwer und anstrengend – alles musste gleichmäßig mit der Mistgabel verteilt werden.

In diese Zeit fiel auch Ostern. Da gab es das gute Geselchte, die Selchwürschtlan, den frischen Kren, die bunten Eier und den duftenden Reindling.

Besonders schön war das Osterfeuer – es wurde in der Karsamstagnacht ober dem Haus auf der Kohltratten angezündet. Ein prächtiges Feuer, weithin übers Land sichtbar. Da und dort sahen auch wir die Osterfeuer im Tal draußen leuchten.

Im Mai war die Zeit zum Erdäpfelsetzen. Da mussten vorher die Saaterdäpfel ausgewählt werden. Die größeren wurden durchgeschnitten. Wichtig war, dass sie auch „Augen", das heißt Keime, hatten. Am Feld wurden sie mit dem richtigen „Stiefel"-Abstand mit der Schnittseite nach unten in die geöffnete Furche gelegt und wieder abgedeckt. Später dann kam das „Erdäpfelhäufeln", ein eigener Arbeitsschritt, um eine gute und ergiebige Ernte zu bekommen.

Auch von den Schafen will ich erzählen. Ende Mai, Anfang Juni und im Herbst wurden die Schafe geschoren, bevor sie auf die Weide kamen. Zuerst wurden ihnen die Beine zusammengebunden und anschließend kamen sie in einen großen Holztrog mit warmem Wasser, damit die Wolle halbwegs sauber war. Das war ein Geplärre und Geblöke! Zum Trocknen ließ man die Schafe frei ... Dann wurden sie wieder „gefesselt" und es ging ans Scheren. Dabei hielten sie erstaunlicherweise recht still, außer der Scherer kam zu nahe an die Haut und zwickte. Nachdem alles vorbei war und sie wieder laufen gelassen wurden, zitterten die Tiere so, dass es einem erbarmen konnte. Die Wolle brachte meine Mutter in großen Bündeln zum Kartatschen nach St. Margarethen bei Patergassen, und sie bekam die fertige Wolle zum Spinnen zurück. Über die Winterzeit, wenn es keine Feldarbeit gab, war das

Spinnen ihre liebste Beschäftigung. Warme Jacken, Pullover, Stutzen strickte sie für die ganze Familie. Nicht nur in den Naturfarben Weiß und Grau – sie färbte die Wolle mit Stofffarben in Grün, Rot oder Blau.

Weil ich gerade bei den Farben bin: einmal im Jahr betätigte sich Großmutter als Malerin und Anstreicherin! Abseits vom Haus gab es eine Grube mit gelöschtem, schneeweißem Kalk. Diesen mischte sie im richtigen Verhältnis mit intensiv blauem Farbpulver. Dann wurden die Küche und die Stube leer geräumt und die Wände neu ausgemalt. Das sah wunderschön frisch aus und der Kalk duftete lange nach.

Meine Großmutter wuchs in Haidenbach gleich neben Zedlitzdorf auf. Ich erinnere mich, dass sie einen besonderen Dialekt mit eigener Betonung sprach. Sie benutzte Wörter, die heute aus dem oberen Gurktal nahezu verschwunden sind, wie zum Beispiel die Wochentage: Monte, Irte, Mitti, Pfingste, Freite, Samste, Sunnte. Einige andere spezielle waren:

das Leilach	Leintuch
die Wechl	Geschirrtuch
die Lawur	Waschschüssel
Woltschger	Maulwurf
Wegwakl	Feuersalamander
akkrat	jetzt, eben
alawante	schnell, eilig
altvatrisch	unmodern
pachlwarm	lauwarm
bettschwar	müde
Pfoad	Hemd
Plerenke	weinendes Kind
tenkisch	linkshändig
zlempert	zerrissen
Tisput	Wortwechsel
Drischpl	Türschwelle
fipern	nervös, zittern
gamezn	gähnen
gneatig	eilig
klunzn	jammern

mockn	beleidigt sein
lustig	beeilen
Gfrett	Kummer, Problem
musnen	entspannen
znicht	schlecht beinand

Im Frühsommer und Hochsommer waren das Heuen und später das Grumaten an der Reihe. Frühmorgens, wenn es taufrisch war, gingen der Großvater und Othmar die Wiesen mähen. Tags zuvor wurden die Sensen gedengelt, damit das Sensenblatt messerscharf war. Meist waren sie gegen Vormittag mit dem Niedermähen fertig, dann folgte das „Straan", Auseinanderstreuen. Je nach Menge und Schwere des Grases wurde entweder gehiefelt, gereitert oder am Boden getrocknet. Wenn das Wetter unsicher aussah und das Heu noch nicht ganz getrocknet war, ging es ans „Schiebern".

Das getrocknete, stark nach Kräutern riechende Bergheu wurde zusammengearbeitet, mit dem Rechen zu einem großen Schober aufgehäuft und von dort mit einem Fuhrwerk oder als Bure aufgepackt am Rücken in den Stadel gebracht. Wenn der Großvater mit einer Bure langsamen Schrittes auf einer Hangseite unterwegs war, sah man nur seine Beine und darüber einen Riesenheuballen. Kraft, Geschicklichkeit, Standfestigkeit und Balance waren nötig.

Bis Anfang der Fünfzigerjahre wurden beim Ronacher Weizen, Roggen, Gerste und Hafer angebaut. Ich sehe noch vor mir, wie das Getreide in einer eigenen Mähtechnik mit der Sense geschnitten wurde. Dann wurden die Garben gebunden und das ging so: Mit der Sichel wurde ein Bund zurecht- und gleichgerichtet, dann auf das angewinkelte Knie gelegt und mit einem schmalen Ährenbündel die Garbe zusammengebunden. Großmutter hatte mir gezeigt, wie man das macht. Ich wette, dass ich es noch halbwegs zusammenbringen würde. Als Nächstes wurden die Garben zu „Töcklan" zusammengestellt, ein kompakter Gupf mit einer umgebogenen Garbe als kleines Dach. So standen sie, bis sie getrocknet waren und zum Dreschen in den Stadel kamen.

Eine Dreschmaschine – wohl schon mit einem Elektromotor – stand im Stadel bereit. Das war ein arges Lärmen und Krachen, als die Garben mit den Ähren voraus in den Schlund der Maschine geschoben wurden. Wenn die Sonne durch Fenster und Wandritzen leuchtete, war die Luft voll von schimmernden Staubpartikeln, die in schrägen Strahlenbündeln tanzten und die Atemwege und Lungen der Arbeitenden füllten. Luft, die man sehen, ja, anfassen konnte.

Nach dem Dreschen waren der Großvater und seine Helfer über und über bedeckt mit dem feinen, hellen Staub der Getreidegarben. Neben dem leeren Stroh und der Spreu lagen auf einem großen Leintuch die Körner des Getreides, bereit, um in Säcken zur Mühle unten bei der Tiebel getragen zu werden.

Ende September, Anfang Oktober ging es ans Erdäpfelgraben. Meist war es schon nebelig und regnerisch und die feuchte Erde klebte an den gelben Knollen. Auch rotschalige Erdäpfel gab es, eine eher seltene Sorte. Mit einer Haue wurden die Erdäpfel vorsichtig aus der Furche befördert und von dort mit der Hand in Gitterkörbe gegeben. Oft halfen die Nachbarn bei der Ernte mit. Ein gutes Mittagessen und eine Ronacherjause gehörten dazu. In Jutesäcke verpackt wurden die Erdäpfel in den Keller gebracht und mussten bis zur nächsten Ernte für den Kochtopf und für das Vieh langen.

In diese Zeit fiel auch das Abernten des Gemüseackers. Möhren, anderes Wurzelgemüse, Rüben und Rohnen wurden im Keller aufbewahrt. Die Krautköpfe ins Krautschaffel gehobelt, festgestampft und zu Sauerkraut verarbeitet.

Die Mostbirnen waren zu der Zeit reif. Großvater ließ sie einsammeln und zu Most pressen. Er trank diesen gerne, oft mehr als ihm gut tat. Die Reste aus dem Obst- und Gemüsegarten holten sich die Hirsche und Rehe, die im Herbst bis vor die Haustüre kamen. War das Wetter trocken und schön, ging die Großmutter Laub rechen, sie sammelte die trockenen Blätter der Haselstauden, die es massenweise bei uns an den Wiesenrändern gab, ein und verwendete sie als den Unterstreu für die Rinder, Schweine und Schafe.

Die Holzhütte wurde mit Ofenholz für den Küchenherd bis oben hin gefüllt. Damit musste nicht gespart werden, es war immer genug zum Hernehmen da.

Im Dezember war die Zeit zum Schlachtigen. Die Großmutter hat ihre Schweindl immer mit gutem Futter, frischem Gras und gedämpften Erdäpfeln und Rüben gefüttert. Dementsprechend gut waren auch Fleisch, Speck, Leberwurst, Presswurst und das Geselchte. Die Köstlichkeiten waren nicht für alle Tage, sondern nur für Feiertage oder besondere Anlässe gedacht. Außer dem Speck, der durfte bei der Jause nicht fehlen. „Jausnen" ist eine liebgewordene Essensgewohnheit, der wir heute noch immer so gerne frönen!

Kirchtag beim Urscherwirt

Der Urscherwirt war in meiner Kindheit eine Institution. Weitum das beste Gasthaus, obwohl die Lage – zwischen Gnesau und Himmelberg, oberhalb der Turracher Bundesstraße – eher weitab vom Schuss war. Doch früher gingen die Leute für ein lohnendes Ziel bereitwillig länger zu Fuß. Denn beim Urscherwirt war immer etwas los. Dort traf man sich, erfuhr was Neues.

Herta und ihre Tochter Lisa waren die zwei Frauen am Herd und in der Gaststube. Sehr tüchtig und sehr streitsüchtig. Auch eine Landwirtschaft und eine Kegelbahn hinter dem Haus am Hang gehörten dazu. Gleich anschließend gab es eine wunderschöne Bienenhütte, kunstvoll mit Türmchen wie ein Herrenhaus gestaltet und mit vielen bunten Brettchen vorne, damit die Bienen „ihren" Stock finden konnten. Zigaretten- und Tabakverkauf gab es auch, ich musste oft für den Großvater ein Packerl Tabak holen. Dafür bekam ich einen Bierbrezen, oft schon einige Tage alt und nach Rauch schmeckend. Und im Sommer gab es die „Schwammerlabgabestelle". Dort brachte auch ich meine Eierschwammerl und Herrenpilze hin. Ich war eine leidenschaftliche Sammlerin und verdiente mir ein gutes Taschengeld.

Der Höhepunkt des Jahres war aber der Urscherwirt-Kirchtag mit dem traditionellen „Ringen" – etwas, das es übrigens heute noch gibt. Ein sportlicher Brauch im Nockgebiet, bei dem sich junge, kräftige Männer, bekleidet mit einer reißfesten Leinenjoppe, gegenüberstehen und mittels gekonnter Griffe versuchen, den Kontrahenten auf den Boden zu zwingen oder auszuheben. Das Ringen ist etwas für gestandene „Lötter", also Mannsbilder, auch bei den Schiedsrichtern und Zuschauern!

Der Kirchtag selber interessierte mich viel mehr als das Ringen. Da gab es Standln mit Lebkuchenherzen, Weinbeißern, türkischem Honig, Krachmandeln, Zuckerln, Schokolade, lustigen Pfeiferln. Außerdem gab es einen Schießstand, wo die Burschen ihren Dirndlan Papierblumen oder Stofftiere herunterschossen. Der ganze Vorplatz war geschmückt mit Fichtenbäumchen, Birkenästen und buntem Krepppapier. Der Tanzboden oben im Saal war über eine schmale Stiege erreichbar. Wenn ein Bursch ein Mädchen zum Tanz aufforderte, dann musste er der Kapelle etwas zahlen. In den Tanzpausen gingen die Paare am Rand der Tanzfläche im Uhrzeigersinn rundherum. Eingehakt, eng umschlungen, je nachdem …

In der Küche ging es heiß her. Die Frauen hatten vor Hitze und Aufregung rote Gesichter. Schweinsbraten gab's, Erdäpfel, Bohnen, Rote-

Rüben-Salat, Gulasch mit Semmel, Würstl und wunderbare Buttercremetorten. Mein Großvater brachte gerne ein großes Stück mit nach Hause. Er hatte es in Zeitungspapier eingepackt und in seiner Rocktasche verstaut!

Großmutter war, bevor sie zum Ronacher kam, Magd beim Urscherwirt. Sie erzählte mir, dass sie im Sommer frühmorgens und abends nach St. Leonhard ging, um dort die Kühe zu melken. Eine Strecke von dreieinhalb Kilometern. Die Milch trug sie in einer „Buttn" auf dem Rücken zum Urscherwirt hinunter. Wenn beim Urscherwirt großer Waschtag war, wurden die schweren „rupfenen" Leilacher (Leintücher) zuerst gekocht und dann im Gurkfluss geschwemmt – auch im Winter. Dazu musste aber vorher ein Loch im Eis ausgehackt werden. Kein Wunder, dass Großmutter später schlimm unter Rheumatismus und Gicht litt, ihre Finger waren dadurch ganz verformt.

Kino beim Neuwirt

Zwischen 1955 und 1960 durfte ich hin und wieder beim Neuwirt in Weißenbach einen jugendfreien Film anschauen. Es gab dort einen angebauten großen Saal für vielleicht fünfzig oder sechzig Leute, mit Holzbänken und geschlossenen Fensterläden. Der Vorführapparat mit den großen Filmrollen im Hintergrund. Das Lichtbündel auf die Leinwand vorne gerichtet. Das knacksende Rollengeräusch. Zuerst kam die „Fox' Tönende Wochenschau" in Schwarz-Weiß. Kurze Sequenzen von zerstörten Städten, großen Schuttbergen, Baracken voll mit Menschen. Und dann der Hauptfilm. Ein Erlebnis, diese Traumwelt! Filme mit Theo Lingen, Beppo Brem, Hans Moser, Ruth Leuwerik, Lilo Pulver, Rudolf Lenz, Heinz Rühmann. Ergriffen und zu Tränen gerührt lebte ich mit. Die Luft war zum Schneiden. Am Ende taumelten wir benommen wieder ins helle Tageslicht und auf die Straße. Beim Heimgehen in Gruppen wurden dann die Schauspieler, ihre Rollen und die Handlung haarklein besprochen und diskutiert. Schön war's! Und beeindruckend.

Othmar und Mitzi

Als Kind habe ich mich vor ihm immer ein wenig gefürchtet. Ein schlanker, blonder, einsilbiger junger Mann mit strengem Blick, so kam es mir vor. Wie sein Vater arbeitete er je nach Jahreszeit als Holzknecht und war auch am Hof mitbeschäftigt. Zeitweise übernahm er eigene Schlägerungspartien mit mehreren Leuten unter anderem in der Obersteiermark, wo er seine zukünftige Frau kennenlernte. Später arbeitete er im Magnesitwerk in Radenthein.

Othmar war ein begeisterter Jäger und überzeugter Heger. Als Aufsichtsjäger war er in seinem Element. Des Öfteren kamen Jagdgäste zum Ronacher, um die er sich besonders bemühte. Wenn die Jägerrunde abends am großen Tisch saß und ihre Geschichten erzählte, konnte ich stundenlang zuhören und nicht genug davon bekommen.

Ich erinnere mich, wie Othmar die Mitzi, seine junge Braut, als Bäuerin zum Ronacher brachte. Das war am 1. März 1953. Sie war 18 Jahre jung, ein fesches, großes Mädchen mit einem stolzen, ernsten Blick und langen, kräftigen, blonden Zöpfen bis zur Hüfte. Da saß sie auf der Bank am Tisch in der Küche und hatte ein Strickzeug in der Hand. Ihr Reden kam mir seltsam vor – kein Wunder, sie kam aus der Obersteiermark, aus Seckau. Sie half überall mit und packte auch auf dem Feld fest mit an. Selbst das mühevolle Mähen mit der Sense übernahm sie, wenn die Männer im Berg arbeiteten. Jetzt waren eine junge und eine alte Bäuerin beim Ronacher. Ein langsamer Generationswechsel. Ich weiß, dass meine Großmutter ihr half wo sie konnte und sie unterstützte. Wenn Mitzi sich ihre langen Haare frisierte und die Zöpfe flocht, stand ich gerne daneben, schaute zu und bewunderte ihre Haarpracht. Später trug sie die Zöpfe zu einem Kranz geschlungen als „Gretlfrisur".

Die Kinder kamen gleich nacheinander, es wurde lebendig im Haus! Ein Foto gibt es, da stehen wir wie die Orgelpfeifen aufgereiht der Größe nach da. Die Irmgard, die Burgi, der Othmar, die Christi, die Trudi. Das kleine Gretele starb mit einem Jahr. Traurig und schmerzvoll für die Eltern. Später, 1971, traf es die Familie beim Ronacher noch schwerer. Othmar verunglückte mit dem Auto auf dem Weg nach Hause tödlich. Mitzi war – mit vier Kindern und einem Haus in Rohbau – mit einem Schlag auf sich alleine gestellt. Noch nicht genug, verunglückte Irmgard im selben Jahr im Alter von 16 Jahren ebenfalls tödlich bei einem Autounfall in Bad Kleinkirchheim.

Ich frage mich heute noch, wie es Maria Seebacher gelungen ist, diese Schicksalsschläge zu überstehen und zu überwinden. Wie viel Kraft hat sie gebraucht, um nicht zu verzweifeln? Wohl halfen die Nachbarn, Verwandten und Freunde zusammen, aber den Verlustschmerz und die Last trug sie alleine.

Eine weitreichende Entscheidung

Meine acht Jahre Volksschule gingen dem Ende zu und es stellte sich die Frage, was für mich nach dem Schulabschluss das Richtige und Passende wäre. Der Beruf als Krankenschwester interessierte mich sehr – dafür hätte ich bestimmt die Neigung und Fähigkeiten gehabt. Meine Großmutter hatte da aber schon den Weg zum Hochschober vorgeplant. Sie ließ meine Tante telefonisch anfragen, ob es für mich nach der Schule, im Sommer 1961, einen Lehrplatz gäbe. Damit traf sie eine schicksalhafte Entscheidung.

Bald darauf fuhren wir mit dem Bus zu einem Vorstellungsgespräch auf die Turracher Höhe. Meine Großmutter und ich mussten im Stüberl auf Frau Leeb warten. Inzwischen schaute ich mich eingeschüchtert in dem dunkel gebeizten Raum um. Dann kam sie. Ernst und streng, war mein erstes Empfinden. In Rock und Pullover, schicken Schuhen mit Kork-Keilabsatz. Strümpfe, bei denen eine Laufmasche äußerst sorgfältig repariert war. Ich kann mich nicht erinnern, dass sie mit mir sprach, oder mich etwas fragte. Sie unterhielt sich nur mit meiner Großmutter. Anschließend fuhren wir wieder mit dem Bus zurück – mit der Zusage, dass ich einen Lehrplatz im Hochschober bekam. Und, ja, tatsächlich: es gab eine Lehrstelle für mich! Ich war aufgeregt und freute mich auf den Tag, an dem ich diese antreten durfte.

Daheim wurde nie viel geredet, aber die Großmutter hielt mir immer vor Augen, auf welche Werte es ankam: Aufrichtig sein, geradlinig, nicht über andere schlecht reden, fleißig sein, beharrlich und bescheiden.

Beginn meiner Lehrzeit

Wieder war es der Omnibus, der mich von der Prekowa nach Reichenau und auf die Turrach brachte. Dieses Mal mit einem kleinen braunen Pappkartonkoffer samt Kleidern, Wäsche und Schürzen, die ich in der Küche brauchte. Beim Hochschober angekommen, zeigte mir Rita Gruber, eine langjährige Mitarbeiterin, das Zimmer über der Garage, das ich mit ihr teilen würde. Zwei Betten, ein kleiner Kasten, ein Tisch und ein Waschgestell mit Schüssel und Wasserkrug, ein Kübel mit frischem Wasser, ein frisches, feines Bett.

Alles war so neu und aufregend, für Heimwehgedanken blieb gar keine Zeit. Ich erinnere mich, dass ich gleich in der Küche am Salatplatz mitarbeiten durfte – und das war schon etwas Besonderes. Während der Anfangszeit im Sommer waren Lehrlinge verschiedener Altersstufen in der Küche, und sie kochten selbstständig unter dem wachsamen Auge von Frau Leeb. Das waren Resi Stromberger, Franz Uitz, Gerhard Stangl, und dann kam noch ich dazu. Ich war mit Eifer und Begeisterung dabei – freute mich über jedes Lob. Neugierig und interessiert, aber auch ein Wildfang – oft schoss ich über das Ziel hinaus. Alles war mir fremd, vom „Ronacherhof" in den „Hochschober", auf Schritt und Tritt musste ich lernen. Oft genug musste ich von Frau Leeb strenge Zurechtweisungen einstecken. Aber nur so lernt man. Und ich lernte schnell.

Es müssen an die zwölf Mitarbeiter zu dieser Zeit im Haus beschäftigt gewesen sein. Unter anderem waren da Alex Tof, Rita Gruber und Frau Berger, die alle schon lange im Haus arbeiteten und mir stets behilflich waren.

Die Sommersaison dauerte nur kurz, von Juni bis September. Treu war eine kleine Stammgästeschar, die immer wieder kam. Es gab auch die Ausflugsgäste, die hauptsächlich mit den Postbussen von Klagenfurt und von Spittal herauffuhren. Die Busse machten beim Hochschober, beim Siegel und beim Jägerwirt Halt. Hans Leeb äugte immer hinaus, um zu sehen, wo denn die meisten Leute ausstiegen. Was das Tagesgeschäft und die Mittagessen betraf, da hatte der Jägerwirt die Nase vorne.

Wenn es im Herbst langsam ruhig und die Gäste weniger wurden, gingen einige der Mitarbeiter „Grantn klauben". Sie brachten die reifen, roten Preiselbeeren heim. Diese wurden dann in einem 50-

Liter(!)-Topf mit Zucker und etwas Wasser langsam auf dem Herd aufgekocht, am Seeufer im Wasser stundenlang kalt gerührt und dann in Gläser gefüllt.

Anfang September wurde das Haus bis kurz vor Weihnachten geschlossen. Die Heizungen wurden abgeschaltet, das Wasser aus den Rohren abgelassen. Wenn die Temperaturen fielen, musste darauf geachtet werden, dass nirgendwo ein Fenster oder eine Balkontüre offen standen. Die Gefahr, dass es einen Heizkörper zerriss, war groß. Das ganze Haus, außer dem Stüberl, dem Büro und der Wohnung von Hans und Hilde Leeb, war eiskalt. Im Stüberl stand der Kachelofen, der Gemütlichkeit spendete. Das Ehepaar Leeb hatte einen elektrischen Nachtspeicherofen in seiner Wohnung. Auf diesem Ofen – im Vorraum – lag der Schlüsselbund mit dem Küchenschlüssel. Wenn ich für den Frühdienst den Schlüssel dort holte, war er angenehm warm. Unsere Zimmer im dritten Stock waren ebenfalls ungeheizt, wir behalfen uns mit mehreren Lagen Wolldecken und Wärmflaschen. Einmal hatte ich eine Heizdecke als Matratzenauflage. Gegen Morgen roch es verbrannt und auf dem Leintuch war ein dunkelbrauner, glosender Fleck! So schnell war ich noch nie aus dem Bett gekommen!

Diese langen Wochen bis kurz vor Weihnachten waren, so wie ich sie erlebte und wahrnahm, durchaus beschaulich. Die Chefleute kamen etwas später zum Frühstück, das im Büro eingenommen wurde. Der Chef aß mit Vorliebe ein Kipferl mit Butter und Honig, das er sich richten ließ. Vor dem Frühstück gab es schon die erste Zigarette und der entsprechende Husten begleitete ihn durch den Tag. In der gesamten „Nichtsaison" trank er keinen Tropfen Alkohol, nur frische Milch. Und er trug, ob gebaut wurde oder nicht, seine geliebte blaue Arbeitsmontur. Er war ja auch sehr geschickt: Er erledigte kleine Reparaturen, räumte die Werkzeugkästen aus, sortierte, kontrollierte alle Reservegeräte und Elektrozubehöre und vertrieb sich so die Zeit auf sinnvolle und für ihn angenehme Art und Weise. Gelegentlich kamen ein paar Männer zusammen zum Schnapsen, zum Watten oder zum Tarockieren. Ich erinnere mich an Hans Obermann, Hans Weilharter und Herrn Kemperle.

Hilde Leeb hatte, auch wenn es keinen Hotelbetrieb gab, eine Menge im Haus zu tun. Sie legte höchsten Wert auf größtmögliche Ordnung und Sauberkeit vom Keller bis zum Dachboden. Auch das Garagengebäude gehörte dazu. Bis in den hintersten Winkel wurde nachgeschaut und aufgeräumt. Bei den Zimmern war sie besonders penibel. Jede Matratze (damals noch die dreiteiligen) wurde umgedreht, Auflagen überprüft, Daunendecken, Kopfkissen, Wolldecken, einfach alles. Sie hatte ein ausgeklügeltes System. In den ersten Stock kamen immer die neuen Sachen (Matratzen, Bettwaren etc.). Die alten wanderten einen Stock höher, jene von dort wieder einen Stock höher. Dann weiter zu den Mitarbeiterzimmern. Sie selber trug und schleppte Matratzen, Polsterzeug, Decken von A nach B und C. Sie hatte die Lage im Griff. Auch die Wäschekästen und die Reservebettzeugschränke – alles perfekt und übersichtlich sortiert und genau in Listen eingetragen. Keine Fünfsternehotel-Gouvernante konnte es besser machen. Die Weißwäsche wurde kontrolliert, jede Serviette, jedes Leintuch auseinandergefaltet und auf Schadhaftigkeit geprüft. Die Stücke mit Löchern oder Fehlern flickte und reparierte sie mit der Singer-Nähmaschine. Das war ihre Passion und die Wäschekästen waren ihr ganzer Stolz. Zwei Mal im Jahr widmete sie dem Dachboden ihre ganze Aufmerksamkeit. Es wurden alle guten Stücke, die wieder verwendet werden konnten, sorgfältig abgestellt und mit den Tüchern abgedeckt, Spinnweben von den Balken gekehrt, abgestaubt und zu guter Letzt der Boden mit Sodalauge und viel Schwemmwasser gereinigt. Für mich war das später wie ein Auftrag, Ordnung zu haben, um den Überblick zu bewahren.

Hans Leeb

Der Chef – mehr als ein Hotelier: eine Wirtspersönlichkeit durch seine überzeugende, nach außen hin offene Art, mit der er auf jedermann zuging. Hans Leeb war nicht nur neugierig, sondern auch ehrlich interessiert am Leben der Leute um ihn herum. Es gehörte für ihn zum Beruf, die Ohren offen zu halten und über diese und jene Verbindungen, Kontakte, Begebenheiten Bescheid zu wissen und alles zu kombinieren.

Viele kamen zu ihm, um ihn um Rat oder Beistand zu fragen. Er war ein Gesellschaftsmensch, der in der Runde den Ton angab. Wenn die Themen erschöpft waren, griff er in seine Witze-Schublade – und die war gut gefüllt. Mit dem Lob über Leistungen anderer war er sparsam. Obwohl das Gesellschaftliche es auch mit sich brachte, dass er oft mit Gästen feierte, sah ich ihn nie betrunken. Wenn es an der Zeit war und er sein Maß erreicht hatte, kam er in die Küche, holte sich ein ordentliches Stück Speck, aß es in groben Stücken ohne Brot und ging dann zu Bett.

Er war überaus bescheiden, Extravaganzen waren ihm fremd, passten auch nicht zu ihm. Als Duftwasser nach der Rasur nahm er Tosca von 4711. Dieser Duft, in Verbindung mit Zigarettenmarke AUSTRIA 2, umgab ihn, so lange ich ihn kannte. Als Lehrling in den Jahren zwischen 1961 bis 1966 glaubte ich zu spüren, dass er mich mochte. Ich schätzte ihn als Chef und Vorbild sehr.

Sepp Marktl – Inge Marktl

In den ersten Jahren meiner Lehrzeit lebten und arbeiteten Sepp Marktl, der jüngste Bruder von Hilde Leeb, und Inge Marktl, seine Tochter, im Hochschober. Sepp Marktl als Hoteldirektor und Inge im Sommer als Servicechefin und im Winter als Barkeeperin.

Sepp Marktl, ein hochgewachsener, gebildeter Mann, Mitte vierzig, der einen eigenartigen staksigen Gang hatte. Als ich einmal beim Zimmeraufräumen den Kleiderschrank öffnete um Wäsche abzulegen, lehnte dort eine Beinprothese. Im Krieg hatte er ein Bein verloren gehabt.

Inge war als kleines Mädchen von Hans und Hilde Leeb aufgenommen worden und wuchs mit Wilfried, dem Sohn der beiden, im Hochschober auf. Es gibt einige Bilder, auf denen die beiden zu sehen sind. Wie Geschwister, Inge als zartes Dirndl mit schmalem Gesicht und blonden langen Zöpfen.

Es muss Anfang der Sechzigerjahre gewesen sein, da baute Hans Leeb an der Längsseite der Garage nach Osten hin eine Eisbahn für die Eisschützen. Albin Schmölzer, Zimmermann und später Briefträger aus der Reichenau, war bei dem Bau dabei. Walter Kofler und seine Frau bewirtschafteten die Eisbahn eine Zeit lang. Es war aber auf die Dauer kein wirklich einträgliches Geschäft. Albin Schmölzer war im Hotel öfter bei Umbauarbeiten, unter anderem auch am Dachstuhl, beschäftigt. Die Handwerker – so war es Brauch – bekamen vom Haus eine Vormittagsjause. Weil die Zimmerleute nicht vom Dachfirst heruntersteigen wollten, um keine Zeit zu verlieren, musste ich ihnen die vorbereiteten Jausenbrote auf einem Teller über die Leiter hinaufbringen. Kein Problem, ich war ja schwindelfrei. Im Dachgebälk des Hauses zwischen Brettern und Sägespänen fanden die Zimmerleute Spirituosenflaschen, die während der Kriegszeit hier versteckt und dann vergessen wurden. Auch ein geheimes Speckkammerl gab es, in einem Dachwinkel, wo man mit einer Leiter hinuntersteigen musste und wo Speck und Trockenwürste hingen.

Was mir besonders in Erinnerung geblieben ist und das bis heute: der Wert der Lebensmittel, der Wert der Materialien und Gebrauchsgegenstände. Alles war teuer, mit allem wurde mit Sorgfalt und Bedacht umgegangen. Wenn nur irgendwie möglich, wurde alles wiederverwertet, weiterverwendet, repariert. Darin war Hilde Leeb unübertroffen. Dazu gibt es eine kleine Geschichte:

Ein Sonntagnachmittag im Mai. Hans und Hilde Leeb – sie in der Kittelschürze, er in seiner blauen Montur – waren damit beschäftigt, den Werkzeugkasten zu sortieren. Schrauben, Stifte, Nägel, Muttern, Drähte, Kabel, alles wurde fein säuberlich der Größe nach in Dosen sortiert. Die beiden waren versunken in ihr Tun. Es war ihnen anzusehen, dass es ihnen einfach Freude machte. Seit damals steht für uns übrigens das geflügelte Wort „Schrauben klauben" als Synonym für „kontemplative Beschäftigung".

Auf die Frage von Peter und mir, ob wir mit dem Auto ins Kino fahren dürften, ernteten wir nur Verständnislosigkeit! Wir waren doch eh vor einem halben Jahr dort gewesen ... An dieser Stelle sei noch erwähnt, dass Hans Leeb selbst erzählte, wie er in seinen jungen Jahren auf seinem Motorrad samt Beiwagen nach Sillian in Osttirol zum Jausnen gefahren war.

Der Juni war die Zeit, in der Hilde Leeb jedes Jahr nach Holland zum Soldatenfriedhof in Ysselsteyn fuhr. Sie besuchte das Grab ihres Sohnes Wilfried, der am 31. Dezember 1945 mit 18 Jahren als Soldat gestorben war. Sie wohnte in der Zeit bei einer Familie Petersen im Privathaus. Am Eingang des Friedhofes stand an der linken Seite unter Bäumen eine Bank. Dort saß sie immer und schaute hin zu Wilfrieds Grab mit dem Kreuz. Sie konnte den Tod von Wilfried nur ganz schwer überwinden. Wilfried war 1926 als Siebenmonatskind zur Welt gekommen. Die Hebamme, Frau Huber aus Gnesau, glaubte nicht, dass er stark genug zum Leben sei. Seine Mutter kämpfte um ihn und fütterte ihn mit einer Pipette wie einen kleinen Vogel. Er schaffte es und wuchs zu einem starken, gut aussehenden Jungen heran. Und dann kam der Krieg ...

Eine Hausführung durch den Hochschober 1961

Wenn ich die Augen schließe und fünfzig Jahre zurückdenke: der Hochschober, von vorne betrachtet ein kompaktes, eindrucksvolles Haus mit schutzbietender Gemütlichkeit. Im Norden weit hinten der Kilnprein, der Turracher See direkt am Ufer angrenzend. Die Sonne scheint von Süden voll auf die Frontseite, die vom Hausberg, dem Schoberriegel, und dem Rinsennock flankiert wird.

Der Eingang ist aus grauem Stein, oben gerundet, als Bogen geformt. Kein typisches, einladendes Hotelportal, es erinnert eher an ein Tor zu einem Gutshaus oder eine Bergkirche und führt von außen betrachtet wie zu einem Unterschlupf. Besonders auffallend sind die schönen Fenster im Halbbogen mit den kleinen geteilten Glasscheiben. Die Balkone mit den gekerbten Stützpfosten. Der Erkervorbau mit der Hotelaufschrift. Das Gesamtbild in einer ausgewogenen Farbgebung von Gelb, Grün, Braun und Weiß. Beeindruckend, solide. Auch die Garage nebenan im selben Stil, wie eine Remise.

In der Halle angekommen fällt als Erstes die dicke, graue Säule und die geschwungene Stiege mit dem kunstvollen, schmiedeeisernen Geländer und den integrierten Lampen ins Auge. Rechts vom Eingang das Büro und eine kleine Portierloge, mit Fächern und Läden. Diese winzige Rezeption wurde nie als solche verwendet. Stattdessen haben dort unter dem Schreibtisch die Chow-Chow-Hundedamen ihre Jungen zur Welt gebracht. Hilde Leeb züchtete diese Hunderasse über fünfzig Jahre lang. Der Platz war also auch die „Hunde-Kinderstube". Später war es eine Zeit lang meine Schreibecke. Das Büro selbst hat einen privaten, persönlichen Stil. Schreibtisch und Fächerschrank sehr akkurat aufgeräumt. In der Ecke der hohe Schranksafe. Die Sitzecke mit Tisch. Diese wurde zu Weihnachten und Ostern, wenn das Haus „bis zur letzten Badewanne" belegt war, über Nacht als Notbett vermietet. Eine alte Wanduhr und die Singer-Nähmaschine unter dem Fenster. Vor dem Schreibtisch die Futter- und Wasserschüsseln für die Chows.

Links vom Eingang zwei behäbige Polsterfauteuils und an der Wand ein offener Kamin. Rechts von der Säule zwei Toiletten und davor in einem Halbrund jeweils eine Polsterbank mit Tischchen und Hockern. Diese zwei gepolsterten Bänke sind äußerst beliebt als Beobachtungsposten – zwei „Lästerbänke". Wer kommt und wer geht, wer eilt zur Toilette, wer kommt die Stiege herunter? Und diese Stiege ist tückisch: Von unten die dritte Stufe ist um ein paar Millimeter höher. Wenn nun jemand besonders elegant herunterschreitet, kann es leicht passieren, dass er oder sie bei dieser besagten Stufe stolpert und es mit dem „Show-Auftritt" vorbei ist! Und auf der Beobachterbank gibt es wieder etwas zum Lachen, zum Lästern.

Rechts vom Stiegenansatz eine Tür mit Halbbogen zum Spielzimmer. Drinnen steht ein Ping-Pong-Tisch – sonst nichts. Der Boden in der Halle ist mit kleinen Mosaiksteinen ausgelegt und darüber ein Läufer aus geflochtenen Gummistreifen. Die Beleuchtung – eher schummrig. Die Wandlampen geben ein honiggelbes, warmes Licht.

Von der Halle geht's zur Schank: Unverkennbar der Geruch von abgestandenem Bier, dem „Hansl". Die Bierfässer unterhalb der Zapfsäule, das Spülbecken zum Gläserwaschen. Alle Getränke, außer Mixgetränke, werden hier ausgegeben. Gleich dahinter die Küche und daneben die Durchreiche in die Abwasch. Resi Walcher, die immer interessiert und neugierig herauslinst.

Das Stüberl – gegenüber der Schank. Rundherum vertäfelt mit dunkel gebeiztem Zirbenholz, mit Platz für etwa fünfundzwanzig Leute. Über der Vertäfelung eine gemalte Rankenborte an der Wand. Rechts eine Kredenz für Geschirr, Serviersachen, Gläser, Besteck. Sechs oder sieben urige Tische mit „Vergeltsgott" (Fußbalken zwischen den Tischfüßen), davon einer im Erker und einer hinter dem grünen Kachelofen, der Familien- oder Haustisch. An der Decke über den Tischen handgeschnitzte Holzluster mit Figuren. Der Plafond vom vielen Zigarettenrauch braun gefärbt.

Auf der Kredenz oben als Dekoration schwere Metallmörser, die nach dem Krieg auf dem Schoberriegel gefunden wurden. Ein präparierter, zerzauster Fuchs sowie ein kunstvoll geformter „Julbock" aus Stroh. Am Fensterbrett und auf den Borden aneinandergereiht Blumentöpfe mit herunterhängenden Ranken und feinen Blättern.

Der Holzboden hat unebene Dielen und ist braun gestrichen und gewachst. Den muss man täglich mit einem schweren Bürstenschieber bohnern und auf Hochglanz bringen.

Die nächste Türe links führt zum großen Speisesaal. Ein lang gestreckter Raum mit Platz für etwa sechzig Gäste. Ebenfalls holzvertäfelt in einem warmen Braunton und mit zwei rechteckigen mächtigen Holzsäulen. Links und rechts Nischen mit großen Tischen, in der Mitte eine Reihe von kleineren Tischen für ein oder zwei Personen. Das Besondere: oben auf dem breiten Rand der Holzvertäfelung ein Bord. Darauf schwere Töpfe mit Zimmerefeu, die den gesamten oberen Teil der Wände umranken. Die Pflanzen sind bestimmt schon mindestens zwanzig Jahre alt, ihre Ranken viele Meter lang und daumendick. Die schöne Fensterreihe mit den Rundbögen – das alles schafft ein gemütliches Ambiente. Auf der Service-Anrichte zuoberst das silberne

Bowlengefäß mit den Bechern, das heute noch verwendet wird. Ein schönes, altes Bild mit einem dicken Holzrahmen an der Wand. Hinter dem Speisesaal, mit einer weißen Faltwand abgetrennt, gibt es noch ein paar Tische, eine Art Separee.

Die Hochschober-Bar ist ein großer Raum, gut gegliedert mit der Bartheke an der Nordseite und runden Nischen, dick gepolsterten Bänken und Hockern. In der Mitte der Platz, wo die Kapelle „Köhler" spielt, und die Tanzfläche. Auch hier Fenster im Halbbogen wie an der Frontseite des Hauses. Die Stofftapezierung der Bänke einfärbig rot, es gibt viel kunstvoll geschlungenes Schmiedeeisen, Lampen mit Pergament und gezeichneten Motiven vom Haus. Die Kapelle „Köhler" spielt schon seit Jahren im Hochschober. Ein fester Bestandteil des Programms, vor allem im Winter. Zum Fünf-Uhr-Tee, zum Tanzabend in regelmäßiger Folge. Sie machen erstklassige Musik, ohne technische Verstärkung. Helmut Köhler am Schlagzeug, Hans Lingenhell an Bassgeige, Jazztrompete, Saxophon, Helmut Maier am Klavier. Aktuelle Schlager dieser Zeit, Jazz, Swing und so weiter. Sehr aktuell und beliebt sind die Tanzspiele. Bei dem Besen- und Körberltanz oder dem Tanz mit der Orange bekommt Helmut Köhler das Parkett immer voll und die Zuschauer biegen sich vor Lachen! Die Gäste bleiben gerne lange auf. An der Bar stehen sie dicht an dicht. Beliebt sind Gin Fizz, Whisky Sour, Tom Collins. Es wird gemixt, geshakt, gerührt, getanzt geflirtet, das Leben genossen.

Rechts vor der Bar gibt es ein zweites Stiegenhaus bis in den dritten Stock und in den Dachboden. Ich nenne es das „noble Stiegenhaus". Die Stufen behäbig breit, flach angelegt, in jedem Halbstock ein breites Podest. Ein elegantes Geländer mit Handlauf und der „Clou" auf jedem Podest – eine rund gedrechselte Holzkugel mit vierzig Zentimeter Durchmesser, die man antauchen kann und die dann in ihrem Holzzapfen lange nachtanzt. Faszinierend! Eindrucksvoll auch der Blick vom jeweiligen Podest durch das große Fenster hinunter zum See, der düster und geheimnisvoll heraufschimmert. Seltsam, der Blick zum See ist zu der Zeit gar nicht besonders gefragt. Vielleicht, weil es die Windseite, die Wetterseite ist?

Das zentrale Stück in der Küche ist natürlich der große Herd. Das besondere daran ist, dass er mit Öl befeuert wird. Vorne befindet sich ein weißer Metallverbau, an dem man mittels eines Druckknopfes die Befeuerung in Gang setzt. Es klappt nicht immer auf Anhieb, dann muss Alex her. Erst wenn sich der Funken an dem Öl entzündet und es im Herd dröhnt, werden die Herdplatten heiß. Über dem Herd ist der Abzug. Wenn es zu viel raucht oder nach Zwiebel riecht, dann heißt es: „Schalt den Flieger ein!" Flieger deshalb, weil er so laut wie ein Flugzeug ist.

Rund um den Herd an den Wänden die Arbeitsflächen und Kasteln, alles aus Holz. Vorne an der Service-Anrichte, am „Pass", steht ein metallener Wärmeschrank – das „Rechaud" für die Fleischteller. Es gibt den Kaffeeplatz mit der kleinen Brühmaschine, den Platz mit dem elektrischen Rührkessel für die Mehlspeisen, den Salatplatz am Fenster zum See, den „Kuchltisch" in der Ecke und die Speis dahinter.

Die Küche hat den schönsten Ausblick zum See, denselben wie heute! Da hat sich nichts geändert. Else Stichmann ist die Chefköchin. Aus Mondsee kam sie in den Hochschober, sie kocht eine feine gutbürgerliche Küche, ist sparsam und sorgsam in der Verwertung. Wenn viel zu tun ist, kommt sie mit dem pünktlichen Fertigwerden öfter in die Bredouille.

Vor der Bar geht es rechts in den Keller. Es ist ein verwinkeltes und gut ausgenütztes System an Gängen und Räumen. Auf dem unteren Stiegenpodest steht die Kartoffelschälmaschine. Links geht es in den Heizungskeller mit dem großen Brenner, der mit Kohle, später mit Öl beheizt wird. Gleich dahinter das Kohlenlager. Rechts, vor dem elektrischen Kartoffelschäler, geht es in die weiteren Räume. Einer ist für alle Arten von Dosen, Kompotten und Gläsern mit Essiggemüse und Marmeladen. Der nächste ist für Wein, zumeist in Fässern, Doppelliter- und Siebenzehntelflaschen. Ein Raum ist nur für Spirituosen reserviert – davon wurde viel gebraucht. Tiefer unten liegen die Gemüse- und Obstkeller. Äpfel werden beispielsweise im Herbst bei den Obstbauern gekauft und eingelagert, ebenso die Kartoffeln. Der letzte große Keller ist der Fleischkeller, wo zur Kühlung Eisblöcke vom See oder von den Bergwerkstollen auf dem Boden lagern. Der Lehmboden nimmt die Feuchtigkeit und Nässe auf. Zumeist werden ganze Kälber, Rinderviertel, Schweinehälften gekauft und vor Ort zerteilt und verarbeitet. Das erfordert viel Fachwissen und Sorgfalt, damit alles rechtzeitig verwertet und in bester Qualität verkocht wird. Die Tiefkühltruhen und Kühlzellen kommen erst später ins Haus.

Auf dem Weg zu den Etagen und Gästezimmern: Die Stockwerke eins, zwei und drei unterscheiden sich deutlich. Der erste Stock hat lindgrün gestrichene Türen, der zweite Stock ist in einem zarten Rosa gehalten und der dritte Stock ist hellbeige. Im ersten und zweiten Stock gibt es je fünf Zimmer mit Bad, WC und Bidet. Für alle anderen

Zimmer gibt es pro Stockwerk ein Etagenbad, für das extra bezahlt werden muss. Alle Zimmer haben Doppeltüren. Ein Klingelsystem besteht aus Kästchen in den Gängen an der Wand, wo die Stubenmädchen anhand einer Klappe ersehen können, wenn ein Gast klingelt. Telefon gibt es noch keines, das kommt erst 1979.

Bei den Gästebetten gibt es ein ganz spezielles „Zudeck-System". Der Gast hat erst das Leintuch, dann die Wolldecke und darüber die Tuchent, das Federbett. Das richtige Zusammenknöpfen und Falten ist eine eigene Wissenschaft. Hilde Leeb sagt immer: Der Gast muss im Bett liegen wie in einem „Kuvert". Ob die Gäste das auch so wollen? Die Fächer in den Kästen sind exakt mit weißem Packpapier ausgelegt. Die Zimmermädchen haben enorm viel zu leisten. Am Morgen vor dem Frühstück werden als Erstes die Schuhe der Gäste geputzt, die vor der Zimmertüre bereitstehen. Boshafte Nachtschwärmer vertauschen manchmal die Schuhe vom dritten in den ersten Stock, oder füllen gar Wasser in die Schuhe. Am Vormittag wird aufgeräumt. Nebenbei tragen die Zimmermädchen Koffer, wenn Ankunft oder Abreise ist. Abends gehen sie während des Abendessens nochmals durch alle Zimmer und „decken ab": Bettdecke aufschlagen, Nachthemd schön hindrapieren, kleinen Vorleger vor das Bett legen, Vorhänge zuziehen.

Die Wäscherei im ersten Stock ist ein großer, heller Raum mit zwei Waschmaschinen, Waschbecken, Bügelmaschine, breiten Arbeitstischen und einer großen Schrankwand. Klappt man die Arbeitsflächen hoch, sind darunter zwei Betten versteckt. Zwei Zimmermädchen schlafen immer dort, es ist auch ihr „Zimmer". Die frisch gewaschene Wäsche wird im Sommer zum Trocknen zur großen Wäschehänge hinter dem Hotel gebracht. Mittels einer Kurbel werden die Wäscheleinen mit der aufgehängten Wäsche nach oben befördert. Weht ein heftigerer Wind, der „Turrachwind", dann passiert es oft, dass die Leintücher und Tischdecken durch die Gegend segeln oder gar im See landen. Im Winter kommt die Wäsche auf den Dachboden. Die ganze Länge des Dachbodens ist mit Wäscheleinen bespannt. Wenn es sehr kalt ist, frieren die Leintücher und es dauert lange, bis sie zum Bügeln abgenommen werden können. Unvorstellbar, wie die nasse Wäsche in Körben in den dritten Stock und dann noch über die enge Dachbodenstiege geschleppt werden musste ... Gebügelt wird auf einer Miele-Bügelwalze. Frau Tunhard von nebenan ist den Stubenmädchen oft behilflich. Die Kochjacken und Kellnerhemden müssen mit der Hand gebügelt werden.

Das Garagengebäude hat eine vielfältige Funktion, als Garage wird nur ein Teil genutzt. Einen fixen Platz hat der Schneepflug, der das ganze Jahr über dort steht. Dann der Platz für den Mercedes 190 von Hans Leeb – ein roter, imposanter, bulliger Wagen. Man versinkt in den Sitzen wie in einem Lehnstuhl. Heute würde er einen viel beachteten Oldtimer abgeben. Darüber hinaus gibt es noch Platz für ein bis zwei Gästeautos.

Dahinter ein hoher Raum, in dem der Trafo der Kelag untergebracht ist. Die Schiwerkstätte vom Schisepp, der außerdem noch einen kleinen Laden mit Schizubehör, Andenken, Sportbekleidung und Toiletteartikel führt. Anschließend befindet sich der Schistall für die Gäste. Gleich daneben die zwei Maler- und Tischlerwerkstätten. Herr Stolle, der Maler, ist fast das ganze Jahr im Haus, lackiert, malt und bessert aus. Ein dünner Mann, der mit Farbtopf und Pinsel eilig wie ein Wiesel durch die Gegend huscht. Besonders dann, wenn er sich beobachtet fühlt! Franz Blasge aus der Reichenau ist seit vielen Jahren der Haustischler. Möbel reparieren, Einrichtungen neu furnieren, Holzböden neu legen … es gibt genug für ihn zu tun. Nordseitig befindet sich der Holzlagerraum, meist bis oben gefüllt mit Brennholz für Öfen und Kamine.

Und am Gebäudeende liegt der Saustall, der Platz für vier Faklan hat. Soweit ich weiß, versorgte immer Alex die Tiere. Besser hätte es niemand machen können, sie hatten es gut. Es gibt genug Küchenabfälle, die Alex zusätzlich mit gedämpften Erdäpfeln und Getreideschrot vermischt. Zur Fütterzeit früh und abends braucht er nur in die Nähe des Stalles zu kommen, um von seinen Faklan lautstark begrüßt zu werden. Der Mist, wie auch alle anderen Abfälle des Hotels, wurden hinter der Garage in eine Grube gekippt. Über dem Saustall gibt es den Hühnerstall. Hilde Leeb hatte – mit wenig Erfolg – zeitweise eine Hühnerschar, die aber nicht recht gedeihen wollte.

Im oberen Stock, im Mittelbau, sind fünf Personalzimmer eingerichtet. Die sind freundlich und ordentlich, nur gibt es kein Wasser und auch kein WC. Zum Waschen muss man sich mit Wasser aus dem Hotel behelfen. Das Schmutzwasser wird über das Fenster entsorgt!

Und zuletzt gibt es obenauf noch einen großen Lagerraum mit Bauholz, Brettern, Stangen, Fliesen, Platten und vielem mehr. Selbst hier sorgt Hilde Leeb dafür, dass zwei Mal im Jahr alles geordnet, geschlichtet und überklaubt wird …

Hilfreiche Menschen während meiner Lehrzeit

Rita Gruber stammte aus Himmelberg, kam als junge Frau zum Hochschober und blieb bis zu ihrer Pensionierung. Rita half an der Schank, in der Küche, an der Abwasch, im Stock und im Bügelzimmer. Sie kannte sich überall aus. Es war wichtig, sich mit ihr unbedingt gut zu stellen! Wie man das machte? Indem man freundlich und respektvoll war! Ihren dunklen, etwas tief liegenden Augen entging nichts. Jede atmosphärische Veränderung innerhalb der Mitarbeiter, ob positiv oder negativ, erkannte sie als Erste. Sie hatte ein Gespür für alles. Wenn sie grantig war, half ihr zumeist ein Häferl Kaffee – ein echter, kein Linde-Kaffee – darüber hinweg. Rita, sie war eine Persönlichkeit mit einem goldenen Herzen.

Milla Tunhard wohnte in der kleinen Hütte ober dem Turracher See. Mutti Tunhard, so durfte man sie nennen, wenn sie es erlaubte. Eine waschechte Wienerin mit einem herrlichen Humor. Rundlich, immer dunkel gekleidet, weißes Haar, fröhliches Gesicht. Stets an ihrer Seite war ihr dicker Rauhaardackel namens Strolchi, ihr Ein und Alles. Gerne kam sie in die Hochschober-Küche oder in das Bügelzimmer im ersten Stock. Sie half da und dort mit. Erzählte viel und gerne und war stets daran interessiert, was im Haus so lief!

In Ihrer Jugend war sie „Putzmacherin“, so hieß der Beruf der Hutmacher. Später kam sie als Haushälterin zur Familie Hiefer in Wien und in der Folge zu Familie Mayer, die eine Seifenfabrik in Wien besaßen. Sie war diesen Familien bis zuletzt besonders loyal verbunden. Familie Mayer übersiedelte in die USA und Mutti Tunhard wohnte die meiste Zeit des Jahres in dem kleinen Haus am See. Nach ihrem Tod kauften wir Ende der Siebzigerjahre das Tunhardhaus von Lisl Mayer. Es war schon ziemlich desolat, die Mauern und Wände waren klüftig, deshalb wurde es 1981 komplett saniert. Peter Lintschinger, unser Haus- und Hoftischler und Freund des Hauses, macht mit seinen Handwerkern daraus ein äußerst gemütliches Chalet mit viel Flair.

Während der Lehrzeit war es für mich jedenfalls immer schön und wichtig, zwischendurch „heimkommen“ zu dürfen. Ich war willkommen bei den Großeltern, bei Othmar und seiner Familie. Heute noch hängt mein Herz an diesem besonderen Platz, dem Ronacherhof an der Gurk, und gerne besuchen wir Herbert, Burgi und ihre Familie.

Alex Tof nimmt in der Geschichte der Leeb-Familie und des Hochschobers einen besonders wichtigen und ehrenvollen Platz ein, und er stand mir während meiner Lehrzeit oft hilfreich zur Seite. Von 1951 an war Alex als Hausmeister und Techniker im Hochschober beschäftigt. Und was er heute noch alles zu erzählen weiß – seine Schilderungen würden ein eigenes dickes Buch füllen!

In den ersten Jahren, also 1951/52, erlebte er die Besatzungszeit der Engländer, als die Offiziere im Hochschober untergebracht waren. In dieser Zeit baute Rupert Kranzelbinder seinen Zirbenhof und eröffnete ihn im folgenden Jahr. Das Haus Hochschober hatte zu der Zeit 36 Betten und 12 Mitarbeiter, alle mussten immer zusammenhelfen. Über die Wäscherei weiß Alex zu erzählen: Es gab einen 250-Liter- und einen 100-Liter-Wasserkessel, mit Koks befeuert, in denen die Wäsche gekocht wurde. Auf den Wäscherumpeln wurde die Wäsche von Hand gerubbelt und gereinigt und im Anschluss in einem Betontrog mit klarem Wasser mehrmals geschwemmt – eine kraftraubende Arbeit für die Wäscherin mit Namen Berta.

Mindestens so anstrengend war für Alex das Kohlenschaufeln und Kohlenradeln. Und wie es da gestaubt hat! Beim Kohlenabwurfschacht mit dem schweren Eisengitter hat Alex dem kleinen Peter einmal das Leben gerettet. Beim Fangen- und Versteckenspielen war das aufgeklappte Gitter auf den Buben gefallen und hatte seinen Brustkorb eingeklemmt. Alex kam rechtzeitig dazu und befreite ihn aus seiner schlimmen Lage.

Ein Eiskeller wurde 1952 gebaut. Im Winter wurde das Eis am See mit einer speziell konstruierten Zugsäge in Blöcke geschnitten. Sechzig bis siebzig Zentimeter stark, reinstes Spiegeleis. Im Keller wurden die Eisblöcke mit Sägespänen bestreut, damit sie länger hielten. Auch aus den Anthrazit-Kohlestollen vom Schwarzsee und unterhalb vom Seewirt wurde Eis mithilfe von Radeltruhe und Brettern herausgeschafft.

Die Garage war schon von 1949 auf 1950 gebaut worden. Der Schneepflug für die Straßenräumung war dort untergebracht, ebenso eine Schneeschleuder und ein Kettenfahrzeug für den Personentransport.

Von der Reichenau kamen die Gäste mit einem 18-sitzigen Allrad-Benzinerbus herauf. Die Busse aus Klagenfurt und Spittal befuhren die Turrach ab 1949 täglich. Bevor es die Busse gab, hat Sepp Huber, der „Schisepp", für den Hochschober den Transport der Lebensmittel und den Gepäckservice mit seinen Pferdefuhrwerk durchgeführt. Die Gäste selber gingen zu Fuß. Als der Sepp 1954 begann, sein eigenes Haus zu bauen, hat er die Steine für das Mauerwerk mit seiner Beiwagenmaschine eingesammelt. Das Bauholz stammte von einer Schutzhütte im Glocknergebiet. Da gab es noch nicht einmal Strom auf der Turrach.

Während der Besatzungszeit hatten die Engländer die Strom-Aggregate mit Benzin und Petroleum gespeist und in einer provisorischen Hütte untergebracht, sie waren ausschließlich für das Hotel bestimmt. Jägerwirt und Siegel hatten ein Aggregat gemeinsam. Tagsüber wurden 36 Batterien aufgeladen, damit die Gänge und Kellerräume etwas Licht hatten. Abends wurden in den Gasträumen Kerzen- und Petroleumlampen verwendet. Am Heiligen Abend des Jahres 1953 startete Alex das Aggregat. Alle Gäste waren angereist und in Weihnachtsstimmung. Sepp Marktl, zu dieser Zeit Hoteldirektor, wollte das Aggregat höher schalten, erwischte aber den falschen Knopf. Es zerriss die Ölwanne. Sepp Marktl hatte einen nagelneuen Steireranzug an – dieser war nun von oben bis unten getränkt mit schwarzem Öl, und der Sepp nicht wiederzuerkennen. Noch in der gleichen Stunde fuhren sie mit dem Unimog nach Wien, um einen neuen Motor zu holen. Am nächsten Tag bauten sie den neuen Motor wieder ein. Der Heilige Abend war in diesem Jahr mit Kerzenschein und ganz ohne Strom trotzdem schön und stimmungsvoll.

Im Frühjahr 1956 wurde mit dem Bau der Leitungen für den elektrischen Strom zur Turracher Höhe begonnen. Hans Leeb war der Initiator, Organisator und Obmann der Turracher Lichtbau-Gemeinschaft. Alex war während dieser Zeit als seine rechte Hand immer dabei. Die Aushublöcher für die Masten wurden von Lohnarbeitern gegraben. Und für diese Masten verwendete man Lärchenbäume aus dem Wald der Familie Marktl in Gnesau. Diese wurden behauen und imprägniert und dann an die eingesetzten Betonsockel angeschraubt. Einhundertacht Stück waren es insgesamt. Mitte August, als die Arbeiter gerade beim Mastensetzen waren, fielen fünfundsiebzig Zentimeter Schnee. Zahlreiche der Masten „hauten ab", das heißt sie rutschten zu Tal. Im Oktober und November wurden die Kabel aufgezogen und wieder gab es Schnee als Erschwernis. Mit den Pferdefuhrwerken waren die schweren Rollen nicht zu bewegen – die Pferde rutschten immer wieder aus. So wurden aus Turrach sechs Ochsengespanne ausgeliehen, damit funktionierte es einwandfrei. Alex erzählt, dass er auf jedem der Masten mindestens drei Mal oben war. Bis Weihnachten wurde auf Hochdruck gearbeitet. Am Heiligen Abend war es dann so weit: es gab endlich Strom vom Kelag-Netz! Der Trafo für die Turracher Höhe stand in der Garage, versperrt und abgesichert.

In den Fünfziger- und Sechzigerjahren waren zu den Weihnachtsfeiertagen bis zum Heiligedreikönigstag alle Betten belegt. Dann war im Jänner Pause. Die Heizung wurde teilweise abgeschaltet, nur wenige

Mitarbeiter blieben im Haus – Alex war immer da. Er musste Holz schneiden und jeden Tag die drei Öfen anheizen. Abends um 22 Uhr zum letzten Mal und um 4 Uhr früh wieder. Da gab es noch Glut vom Vortag im Ofen. Für alle Öfen brauchte er einen dreiviertel Festmeter Holz, später dann Koks. Alex konnte jede Maschine, jedes Gerät reparieren, er war mit jedem technischen Gerät auf Du und Du. Alle technischen Wartungen machte er selber. Nur die Ersatzteile mussten eben immer vorrätig sein. Der 190er-Mercedes, den sich Hans Leeb Ende der Fünfzigerjahre kaufte, war dreizehn Jahre lang beim Haus. Der elegante, weinrote Wagen musste für alles herhalten: Kartoffelsäcke, Äpfelkisten, Milchkannen, Zementsäcke, Viertelrinder wurden transportiert. Er war so geräumig! Und an Sonntagen durfte Alex mit uns Lehrlingen gelegentlich eine Fahrt ins Kino unternehmen.

Hans Leeb vergaß oft aufs Tanken. Des Öfteren lag in der Früh ein Zettel im Büro: Alex, das Auto steht beim Wegmacher. Hol ihn ab und tank ihn auf. Alex erwies sich auch mehrere Male als Retter des Garagengebäudes. Einmal war es ein eingeschaltetes Bügeleisen, dann ein defekter Ölofen, glosende Asche oder Zigarettenstummel, die es fast zum Abbrennen gebracht haben. Hans Leeb meinte dann halb im Ernst, halb im Spaß: „Wenn du die Garage noch einmal löschst, wirst du entlassen!"

In seinen jungen Jahren war Alex unglaublich stark und behände. Wenn es wieder einmal in Turrach oder Reichenau ein Fest gab und aus einer gutmütigen Stänkerei eine handfeste Rauferei wurde, mischte Alex dann und wann mit Begeisterung mit. Irgendwie gehörte so eine schöne Keilerei zu einem gelungenen Fest dazu! Es hat mir einmal jemand erzählt, dass Alex mit seinen starken Zähnen von einem Bierseidel ein Stück herausbeißen konnte. (Am besten, ich frage ihn selber, ob es wirklich so war!)

In den Pausen zwischen Winter- und Sommersaison hat der Chef immer wieder etwas neu- oder umgebaut. Da lebte er dann richtig auf! Er zeichnete sogar die Pläne selbst. Durch die vielen Neuerungen kannte sich aber bald bei den Leitungen und Abflüssen niemand mehr richtig aus – außer Alex. Die erste Abwaschmaschine ging Anfang der 1960er in Betrieb und war eine Sensation. Ebenso die Glasspülmaschine, von der Hans Leeb anfangs überhaupt nichts wissen wollte. So wurde sie gegen seinen Willen gekauft, über Nacht heimlich montiert und angeschlossen. Erst war der Chef recht zornig, später aber stolz auf die neue Errungenschaft.

Mitte der Achtzigerjahre ging Alex in die wahrhaft wohlverdiente Pension. Er war aber dennoch sofort zur Stelle, wenn er gebraucht wurde oder wenn man ihn um Rat fragte. Immer hilfsbereit und zupackend, bei Tag oder Nacht. Und bei der Freiwilligen Feuerwehr war er mit Leib und Seele dabei – hochgeschätzt und gerne gemocht.

Kärntnerisch-steirische Liebesgeschichten und Heiratssachen

Dass die Bundesländergrenze zwischen Kärnten und Steiermark mitten durch den Turracher See verläuft, hat in manchen Belangen die Amtshandlungen der Gemeinden und Bezirke verkompliziert. Es gab aber auch immer schon Anlass zu mehr oder minder gutmütigen Scherzen und Witzen. Gab es in Turrach Klementifeier, kamen aus der Reichenau die Burschen gerne dazu. Erst wurde geblödelt, gelacht, Bier und Wein taten das Ihrige – einer wurde frech und schon war eine ausgewachsene Rauferei und Keilerei im Gange. Keiner blieb dem anderen etwas schuldig und spätestens beim nächsten Reichenauer Kirchtag auf der Kärntner Seite traf man sich wieder und irgendeiner hatte sicher noch eine offene Rechnung.

Das Zusammentreffen von Kärntnern und Steirern konnte aber auch durchaus harmonisch ablaufen! Vor allem dann, wenn zum Beispiel vor der Wintersaison die Reichenauer Junggesellen wie die Schwalben aufgereiht an der Theke saßen und sich abends umsahen, was denn für hübsche und brauchbare Dirndlan in Küche, Service und Etage im Hochschober zu sehen waren. Umgekehrt war es aber mindestens genauso spannend, denn die jungen Mädchen aus dem Salzburger Lungau oder dem oberen Murtal fanden die feschen Burschen auch interessant und so wundert es nicht, dass es in der Reichenau viele Familien gibt, wo die Ehefrau und Mutter aus dem Steirischen dorthin geheiratet hat.

1962: Wie vom Blitz getroffen

Im Spätherbst 1962, es gab kaltes, unfreundliches Wetter, hatte sich besonderer Besuch angemeldet. Peter Leeb sollte von den Bermudas auf die Turrach in den Hochschober kommen. Wir, die Mitarbeiter im Haus, waren natürlich überaus neugierig, wer das war und wie er aussah!

Dünn, schmal, schlaksig, aber durchaus interessant, so kam er daher. Es war ihm anzusehen, dass es ihn ständig fror. Das Haus war ja unbeheizt, nur die privaten Räume und das Büro waren warm. In Ermangelung warmer Kleidung trug er einen Anzug von seinem Onkel Hans. Das gute Stück war ihm viel zu groß – es umschlotterte ihn. Das sah lustig aus.

Wir haben uns nur kurz gesehen und ein paar Sätze miteinander gesprochen. Ich vermute, er hat mich gar nicht wirklich wahrgenommen. Für mich hingegen war er wie ein Wesen von einem anderen Stern.

Im drauffolgenden Jahr, im Juni, hieß es dann: Peter kommt in den Hochschober und bleibt als Junior und Nachfolger von Hans und Hilde Leeb. Peters Cousine Inge Marktl holte ihn mit seinem neu gekauften VW Karman Ghia vom Hafen in Genua ab. Später erfuhren auch wir, dass aus seinem Überseekoffer die Hälfte aller neu gekauften Sachen verschwunden waren. Gestohlen während der Schiffreise oder wo auch immer. Der Schrankkoffer, ein dekoratives Stück, ziert heute unsere Wohnung. Sein Eintreffen, die Begrüßung, die offene Freude von Hans und Hilde Leeb, eine einzige Aufregung! Wie aber kam es dazu, dass Peter Leeb als Nachfolger vorgesehen war?

Wilfried, der einzige Sohn von Hilde und Hans Leeb starb 1945, im Alter von 18 Jahren, im Krieg in Holland. Ulrich Leeb, ein Bruder von Hans Leeb, war mit der Schwester von Hilde Leeb, Erna, verheiratet. Eine direkte Verwandtschaft also. Von den drei Kindern wurde nun Peter, der Jüngste, für den Hochschober „ausersehen". Sein persönlicher großer Berufswunsch wäre eher in Richtung Musik gegangen … Stattdessen absolvierte er die Handelsschule und die Hotelfachschule mitsamt Praxisjahren in England, der Schweiz, auf Jersey, in Kanada und auf den Bermudas. Bald nach seinem Heimkommen wurde er von Hilde und Hans Leeb adoptiert und war somit der direkte Erbe.

Wir alle, die Mitarbeiter, nahmen an dem „Ereignis" mit großem Interesse teil.

Es dauerte nicht lange und ich stellte fest, dass es mich schwerstens erwischt hatte. Ich war noch keine 17 Jahre alt, aber wie vom Blitz getroffen – und hoffnungslos verliebt. Genauso rasch musste ich aber auch erkennen, wie umschwärmt Peter von allen Seiten wurde. Der sprichwörtliche Hahn im Korb! Wenn ich heute zurückdenke, muss ich über mich selber lachen – damals hatte ich Herzerln in den Augen, die große Liebe fühlbar bis in die Fingerspitzen und ein Brett vor dem Kopf. Einmal habe ich ihm sogar den Wagen sorgfältig gewaschen und auf Hochglanz poliert – und als „Dank" dafür fuhr er am Abend mit einer anderen Schönen damit aus …

Als ich meiner Großmutter von meiner Bekanntschaft mit Peter erzählte, war sie in höchstem Maße skeptisch und sprach das auch offen aus. Sie machte sich Sorgen um mich – und das nicht unberechtigt. Himmelhoch jauchzend oder zu Tode betrübt – diese Gefühlszustände wechselten sich laufend ab. Allen nur möglichen Liebeskummer habe ich in dieser Zeit durchlitten! Das Fass zum Überlaufen brachte aber folgende Situation: Ich musste ihm und einer neuen Bekanntschaft eine Flasche Wein servieren. Vor Wut verhunzte ich den Korken und bot ein der Situation „angepasstes" Weinservice. Am nächsten Morgen musste ich den beiden auch noch das Frühstück bringen. Das war dann selbst mir zu viel. Aus, Schluss – das Maß war übervoll. Peter den Rücken zu kehren, war das einzig Richtige. Jetzt war ich für ihn nicht mehr erreichbar. Es herrschte Funkstille.

Im Frühjahr legte ich die Gesellenprüfung ab und die Lehrzeit neigte sich dem Ende zu. Mein Ziel war, nach Kanada zu fliegen und dort in meinem Beruf zu arbeiten. Dazu benötigte ich von der kanadischen Botschaft in Wien ein Immigrationsvisum, das damals ganz einfach und problemlos zu bekommen war. Fachkräfte wurden dringend gesucht. Peter half mir, eine erste Kontaktadresse in Toronto ausfindig zu machen. In der Kanadischen Botschaft musste ich das Geld für ein Hin- und Rückflugticket vorweisen. Ich hatte von der Lehrlingsentschädigung und vom Trinkgeld genug gespart, um alles selbst bezahlen zu können. Mein Onkel Othmar gab mir für die Reise etwas dazu.

Als ich nach den fünf Jahren im Hochschober von Familie Leeb und allen Mitarbeitern Abschied nahm, war mir wirklich schwer ums Herz. Vor dem Hotel wartete wieder der Postbus. Mit dicken Tränen in den Augen stieg ich ein und fuhr ins Tal und heim zum Ronacher. Viel aufgeregter als ich waren meine Großeltern, als sie von meinen großen Plänen erfuhren. Großvater holte den Schulatlas hervor und wir schauten gemeinsam nach, wo denn Kanada, diese Provinz Ontario und Toronto überhaupt liegen. Nie werde ich vergessen, wie die Großmutter mich in ihrer fürsorglichen Art fragte, ob sie mir für den langen Flug eine Jause einpacken sollte. In Gedanken umarme ich sie heute dafür.

Am Vorabend meiner großen Reise im Juni 1966 brachte Peter mich nach Klagenfurt. Ich übernachtete im Hotel Sandwirth. Nach der klärenden „Pause" war unser Zueinander mit einem Male stark und gut. Die spätere räumliche Distanz hat uns dabei weiter geholfen. Wie auf einer neuen Ebene, der wir uns nach und nach bewusst wurden.

Flug nach Kanada

Ich weiß heute nicht mehr, was mir da alles durch den Kopf ging – eines weiß ich aber sicher, ich war aufgeregt wie noch nie in meinem Leben. Ich hatte von allem was mich erwartete, nicht die geringste Ahnung.

Das Taxi brachte mich ganz früh zum Flughafen Annabichl für den Flug nach Wien. Dort wurde ich zunächst einmal gleich über Lautsprecher gesucht, weil ich keine Ahnung hatte, wo und wie es weitergeht. Die nächste Etappe war Amsterdam, auch wieder mit einer langen Wartezeit. Ich war vollkommen orientierungslos. Dann endlich der Sprung über den großen Teich nach Montreal. Alles so riesig, so überdimensional, so fremd. Endlich spätabends der Flug nach Toronto. Unter mir das Lichtermeer der Großstädte, das wie ein Meer von Brillanten funkelte. Landung gegen Mitternacht in Toronto. Ich nahm alles nur mehr wie in Trance war. Als mich die Gastfamilie in der Ankunftshalle entdeckte, fiel mir ein Felsbrocken vom Herzen und ich wusste – jetzt hatte ich die erste Hürde gepackt.

Friedl, Udo und Madeleine Daues gaben mir gleich das Gefühl, willkommen zu sein. Die Fahrt durch die Stadt mit ihren breiten Straßen, dem ständig fließenden Verkehr, den grellbunten Reklameschildern … eine neue, aufregende, faszinierende Welt. Das Haus der Familie Daues lag weit außerhalb der Stadt in einem Bezirk namens Scarborough. Ein weißer Bungalow mit viel Rasenfläche rundherum, direkt an den „Bluffs", den steil herabfallenden sandigen Ufer des Ontariosees gelegen. In den folgenden Tagen fuhr Friedl Daues mit mir durch die Gegend, zeigte mir die Stadt mit ihren Besonderheiten und machte mich mit ihren Freunden bekannt. Besonders schön war eine Fahrt zu den Niagarafällen, etliche Autostunden von Toronto entfernt.

In diesem Sommer hörte man immer wieder die Schlager „King of the Road", „Downtown" von Petula Clark und einen anderen Titel, „Georgy Girl". Wenn ich heute diese alten Ohrwürmer höre, „befinde" ich in mich augenblicklich in Toronto. Wichtiger als alles andere war für mich aber, möglichst bald Arbeit zu finden. Dass ich praktisch – außer ein paar Phrasen – kein Englisch sprach und verstand, war ein riesiges Handicap. Aber ich hatte Glück: eine befreundete Familie aus Österreich besaß im Norden von Toronto, im Gebiet von Muskoka, ein Wochenendhaus am See.

In unmittelbarer Nähe gab (und es gibt es noch!) das „Muskoka Sands Inn", ein schönes Hotel mit einer weitläufigen Bungalow-Anlage. Dort wurde eine Fachkraft im Service gesucht. Die Direktorin war äußerst zuvorkommend und hilfsbereit und ich war selig, einen „Job" zu haben. Fachlich tat ich mir leicht, keine Frage. Allein die Sprache war eine Hürde, die mir in den ersten Wochen schwer zu schaffen machte. Doch weil es derart wichtig war, lernte ich schnell und intensiv durch genaues Zuhören, Kombinieren und selbst Drauflosreden.

Die drei erwachsenen Kinder der Familie Filzmaier (die mir den Platz im Hotel vermittelt hatten) waren etwa in meinen Alter und sprachen lieber – und auch besser – Englisch als Deutsch. Sie halfen mir viel bei meinem Sprachtraining. Deren Vater Roland hatte in Toronto eine Firma, die alte Häuser und Wohnungen erwarb und komplett erneuerte. So etwa kaufte er in der Gegend von Muskoka ein altes Farmhaus mit Stall und großem Grundstück, alles verfallen und desolat. Als es fertig renoviert war, stand da ein schmuckes Haus mit weiß gestrichenem Zaun rund um das Areal. Ich staunte nicht schlecht.

Peter und ich schrieben uns beinahe jeden Tag einen Brief. Ich hatte ja so viel zu erzählen! Und jeder seiner Briefe machte meinen Tag schön. Wir tauschten Meinungen aus und machten Pläne für die Zukunft. Und in einem der gezählten dreihundertfünfzig Briefe stand auch der Heiratsantrag. Die Gefühle füreinander waren stark und gut. Wir waren uns unserer Liebe sicher. Und so war es für uns klar: wir werden heiraten.

Die Landschaft im Norden Ontarios ist mir in besonders lebendiger Erinnerung geblieben. Hügelig, verträumt liegende Seen, dazwischen aufragende abgerundete Felsen, Kiefern und viel Laubwald, hauptsächlich Ahorn. Mit etwas Phantasie konnte man hinter den Felsen Indianer mit Federschmuck auf schwarz-weiß gefleckten Pferden auftauchen sehen ... Und mitten durch diese weite Landschaft schnurgerade die Trasse der Autobahn, die weit in den Norden Kanadas führte.

Der heiße kanadische Sommer ging vorbei und der „Indian Summer" mit seiner unbeschreiblichen Farbenpracht und dem milden Klima zog ins Land. Nur um diese Jahreszeit in seiner verschwenderischen Farbenvielfalt zu erleben, würde ich sofort wieder dorthin reisen. Als dann der Winter nahte, war die Saison vorbei, das „Muskoka Sands Inn" schloss seine Pforten. Ich suchte wieder Arbeit.

Von einem Handlungsreisenden, der für die Firma Oetker unterwegs war, erfuhr ich von einem exklusiven Golf- und Country-Club in Woodbridge, nördlich von Toronto. Dort ging ich hin, stellte mich vor und bekam gleich eine Stelle als Köchin im Steak-Restaurant. Die

Anlage war beeindruckend. Ein ausladendes Clubhaus, daneben die Curlinghalle. Dahinter, bis zum Horizont, die Golfplätze. Ein Heer von Golflehrern, Greenkeepern, Mitarbeitern in der Verwaltung. Restaurants, Club- und Seminarräume, Saunen, Umkleideräume, alles was dazugehört. Mehrere Küchen in verschiedenen Ebenen. Nach etlichen Wochen wechselte ich den Platz und kam in die Hauptküche, um die kalten Buffets, Salate und Schaustücke zu richten. Das war für mich eine herausfordernde Aufgabe und machte mir viel Freude. Die Fülle der zur Verfügung stehenden Materialien und deren Qualität waren für mich total neu. So, als ob die Kosten keine Rolle spielten.

Als besonders interessant erlebte ich auch das Mitarbeiterteam. Die Kanadier waren in der Minderzahl. Die meisten waren aus Europa emigriert, entweder erst kurz oder schon länger im Land wohnhaft. Der Chefkoch kam aus der Schweiz, die Partie-Chefs waren aus Deutschland und Schweden. Im Service Frauen aus Dänemark und aus Malta. Haustechniker aus Ungarn und Polen. Golflehrer aus Frankreich – so ging es durch alle Abteilungen. Und es gab keinerlei „Zwei-Klassen-Gesellschaft". Jene Menschen, die mutig genug waren und sich mit dem Nötigsten im Gepäck aufgemacht hatten, um sich auf einem anderen Kontinent eine neue Existenz aufzubauen, wurden in Kanada mit offenen Armen aufgenommen.

Mit meiner Unterkunft hatte ich Glück. In Woodbridge, ein Dörfchen an einem großen Fluss, fand ich bei Frau Gerty Wright eine nette Wohnung. Frau Wright war pensionierte Volkschullehrerin mit gepflegtem weißem Haar, pummelig, liebenswert. Ihr Haus hatte über der Garage eine kleine Einliegerwohnung und das war genau richtig für mich. Holzvertäfelt, dicker Teppich, großes Bett mit Patchworkdecke, Badezimmer, herrlich nostalgisch. Meine Gastgeberin war bemüht, mein Englisch in Wort und Schrift zu verbessern. Ihr Beruf kam mir sehr zugute. In der Zwischenzeit hatte ich mir eine Reiseschreibmaschine gekauft und darauf tippte ich alle Briefe an Peter – wir schrieben uns nach wie vor fast täglich –, mit Frau Wright übte ich Englisch. Sie gab mir Hausaufgaben, die ich abends nach der Arbeit erledigte.

Telefonate erlaubten wir uns nur zum Geburtstag und zu Weihnachten, denn diese waren extrem teuer. Der „person-to-person-call" musste mit Namen und Adresse beim Postamt angemeldet werden.

Vor dem Heiligen Abend gab es wie üblich eine Mitarbeiter-Weihnachtsfeier in der Curlinghalle neben der Eisbahn. Da packte mich auf einmal das Heimweh. Eine junge Dänin nahm mich kurzerhand mit

Mutter Maria und Tante
Friederike Seebacher (1943)

Großvater und Großmutter (1945)

Ich selbst (1947)

Die Großeltern mit mir (1952)

Stammgäste Familie Krick (1961)

Peter Leeb. Stimmt die Kassa? (1962)

Ohne Worte (1965)

Hauskapelle Köhler (1965)

Mit Friedl und Hugo Daues, Niagarafälle (1966)

Weltausstellung in Montreal (1967)

Koch- und Kellnerlehrling Barbara (1962)

Hochzeit im Oktober 1967

Singkreis Reichenau mit Chorleiterin Ruth Lax (1967)

Hochzeit
Oktober 1967

Hochzeit 1967, Abendempfang

Hilde und Hans Leeb, anlässlich 40 Jahre Hochschober

Barbara und Peter Leeb (1970)

Elfie Gladik im Büro (1973)

Mit Stammgast Hans Welsch aus Solingen (1975)

Reise nach New York und New Jersey (1979)

Treffen mit Sigi und Gerda Brandstätter in New York (1979)

Peter Leeb und Sigi Brandstätter (1980)

Mit Arnold und Elfie Pucher in Hongkong (1983)

An der Chinesischen Mauer (1983)

Klettern in den Karawanken (1983)

Lustige Runde bei der Karlhütte: u. a. Bernd Becker, Alex Tof, Karl und Hannelore Gruber, Richard Prodinger, Peter Dullnig (1983)

Drei Wochen Trekking in Nepal (1985)

Picknick am Sam (1986)

Hochschober-Gäste helfen mit beim Bau der Bergkirche am Turracher See (1986).

Mit Professor Hartl auf der Samhütte (1998)

Die Erfa-Senioren auf Besuch bei der Samhütte (1999)

Mitarbeiter-Ausflug nach Wien und ins Burgenland (2000)

35 Jahre Hochschober, Familie Rieck aus Hamburg (2001)

Frau Dittes und Frau Huber, 35 Jahre Urlaub im Hochschober (2001)

Besuch des Soldatenfriedhofes von Venlo in Holland (2002)

Pfarrer Carl-Hans Schlimp mit Frau Dietlinde bei Julias Taufe in der Bergkirche (2003)

zu sich nach Hause. Sie hatte für ihre Familie Truthahn als Festessen eingekauft und verriet mir, dass sie nicht so recht wusste, wie sie ihn zubereiten sollte. So übernahm ich das Kochen und vergaß darüber mein Heimweh. Weihnachten habe ich in Kanada als Fest der Nächstenliebe erlebt.

„Seventy Steps"

Im Mai plante Peter mich zu besuchen. Ich war begeistert und die Vorfreude riesengroß. Wir trafen uns in Toronto. Anfangs waren wir uns noch ein wenig fremd, doch das legte sich bald. Wir besuchten Muskoka, den Club in Woodbridge, wo ich nach wie vor beschäftigt war. Wir besuchten die Familie Daues, die Peter aus seiner Bermuda-Zeit kannte und die mich am Anfang in Toronto so freundschaftlich unterstützt hatte. Anschließend flogen wir nach New York und wohnten in Long Island bei Peters Bekannten Philip und Evi Ast. Mit der U-Bahn ging es von dort nach Manhattan, wo wir alles besichtigten, was es an Attraktionen zu erleben gab. Ein besonderer Höhepunkt war ein Konzert in der Radio City Music Hall. New York ist heute für mich immer noch eine der atemberaubendsten Großstädte.

Und dann ging es auf die Bermuda-Inseln! Eine Landschaft wie ein einziger großer Garten, weiße und rosafarbene Häuser, Palmen und das türkise Meer mit seidig-feinem Sand. Milde Luft streichelte die Haut. Gut gekleidete Menschen, die meisten davon dunkelhäutig. Wir wohnten in einem Häuschen am Hügel mit dem Namen „Seventy Steps", so viele Stufen hatte der Weg dort hinauf. Tagsüber waren wir mit Mopeds kreuz und quer über die Insel unterwegs. Das heißt, anfangs war das Moped mit mir unterwegs. Ich beherrschte das Fahrzeug ganz und gar nicht! So fuhr ich mit Karacho in die Hibiskusbüsche, dass es nur so rauschte, verbrannte meine Knöchel beim heißen Auspuffrohr und verlor mitten auf der Kreuzung in Hamilton meine Schuhe …

Peter besuchte seine Bekannten und Freunde und seine früheren Wirkungsstätten. Vier Jahre hatte er auf den zauberhaften Bermudas, einer britischen Kronkolonie, gelebt und gearbeitet. Deshalb kannte er sie auch wie seine Westentasche. Wir segelten mit dem kleinen „Sunfish"-Boot, entdeckten wunderschöne Sandbuchten, schwammen im glasklaren Meer. Wir hatten eine herrliche Zeit! Verliebt, unbeschwert und mit einer spannenden Zukunft. Nächtens waren wir unterwegs, sahen uns Revuen und Shows an, um gegen Morgen müde die siebzig Stufen zum Häuschen hinaufzusteigen.

Doch letztlich half alles nichts, Peter musste heimfliegen und ich zurück nach Toronto, um wieder zu arbeiten. Wieder auf der Turrach, traf Peter auf einen zornigen, frustrierten Hans Leeb. Der liebe Neffe hatte sich vor seiner Abreise nach Kanada lapidar mittels Brief von ihm verabschiedet und ihm erklärt, dass er mich besuchen würde und wir im Herbst heiraten wollten. Und dass er, falls Hans Leeb damit nicht einverstanden sei, in Amerika bleiben würde. So!

Zurückschauend kann ich Hans Leebs Ärger nur zu gut verstehen. In diese Zeit fiel neben dem ganzen Aufruhr auch noch der Bau des ersten Hallenbades – und es musste zu Saisonbeginn fertig sein. Hilde Leeb war von Peter schon früher in seine Pläne eingeweiht worden und verhielt sich neutral. Hans Leeb hingegen war über die Botschaft der Hochzeit im Herbst alles andere als erfreut. Er war enttäuscht und tat dies auch kund.

Im Frühsommer gab es in dem Golfclub, wo ich nach wie vor arbeitete, ein internationales Turnier. Aus der ganzen Welt reisten die besten Profis an. Es gab für uns eine Menge zu tun und alle machten Überstunden, um das Arbeitspensum zu schaffen. Im Mitarbeiter-Eingangsbereich gab es die Stundenkarten mit unseren Namen, der Bereichszugehörigkeit und die Stechuhr. Ich höre noch das Klicken! Bevor ich im September meine Arbeit beendete und mich auf den Heimflug vorbereitete, besuchte ich in Montreal die Weltausstellung. Pavillons aus allen Ländern dieser Erde mitsamt den neuesten technischen Errungenschaften gab es zu bestaunen, zum Beispiel ein kreisrundes Kino, und in in der Mitte stand das Publikum. Beim Hinausgehen fühlte man sich wie betrunken!

Schließlich hieß es Abschied nehmen von den Bekannten und Freunden, von allen, die mir in den eineinhalb Jahren hilfreich zur Seite gestanden waren, die mich offen und freundlich aufgenommen hatten. Durch diese zwischenmenschlichen Verbindungen sind sie für mich eine wertvolle Zeit geworden, an die ich immer noch gerne zurückdenke.

Da war ich nun!

Ankunft am Flughafen in Klagenfurt, am späten Abend. Ich sehe Peter schon von Weitem. Er hält nach mir Ausschau. Glücksgefühl und Nervosität. Sogar einige Stammgäste sind als Begrüßungskomitee mitgekommen.

Am nächsten Tag fahren wir zum Ronacher. Große Wiedersehensfreude! Vor allem meinen Großeltern ist die Erleichterung ins Gesicht geschrieben, dass ich wieder wohlbehalten zurück bin. Dann mit gemischten Gefühlen – weiter zur Turracher Höhe. Beim Gasthof Zedlacher in Patergassen kehren wir kurz ein und trinken einen doppelten Obstler, um uns Mut zu machen.

Wir betreten das Haus. Als Erstes werden Peter und ich von Hilde Leeb willkommen geheißen. Sie steht wohl zwischen den Fronten, lässt es uns aber nicht spüren. Sie hat es bestimmt nicht einfach, hier ausgleichend zu agieren. Hans Leeb steht an der Bar am Eck. Ein unterkühltes Wiedersehen auf dieser Seite.

Die Tage vor der Hochzeit verbringe ich beim Ronacher. Es gilt, Vorbereitungen zu treffen. Hilde Leeb fährt mit mir nach Klagenfurt. Ich suche ein schönes, schmal geschnittenes Hochzeitskleid aus, einen kurzen Schleier und weiße Schuhe. Hilde Leeb, meine zukünftige Schwiegermutter, bezahlt das alles für mich. Ich denke mit Dankbarkeit daran zurück.

Nun denn: Als Lehrling mit Abschluss war ich vom Hochschober weggegangen und als junge, zukünftige Frau des Hauses komme ich wieder zurück. Keine einfache Situation für mich. Ich selber mache mir aber über die nähere und weitere Zukunft keine großen Gedanken. Mit meiner positiven Einstellung und mit Peter an der Seite werde ich alles schaffen.

Hochzeit am 21. Oktober 1967

Hilde Leeb organisierte den gesamten Hochzeitsablauf. Peter war am Vorabend mit Freunden so heftig am „Poltern", dass er nur mit Mühe den Absprung schaffte. Er hatte echte Panik und Fluchtgedanken! Beim Ronacher daheim weckte uns die Nachbarschaft – wie es der Brauch ist – schon um fünf Uhr früh mit Böllerschüssen. Auf der Fahrt nach Ebene Reichenau wurde beim Urscherwirt ordentlich „fürgekramt", das heißt es wurde eine Maut erstellt und die Nachbarn spielten mit schauspielerischem Talent allerhand „Gschichten" nach, die sie von mir wussten.

Mein Herz klopfte bis zum Hals, als wir das Standesamt neben der Kirche erreichten. Ruth Lax und ihr Reichenauer Singkreis warteten schon. Peters Bruder Dietmar war der Beistand des Bräutigams, Onkel Othmar war meiner. Nach der standesamtlichen Trauung ging's nach Weißenbach zur evangelischen Kirche. Es war so ein wunderbar klarer Herbsttag mit strahlend-blauem Himmel, Sonnenschein und buntem Herbstlaub. Carl-Hans Schlimp, evangelischer Pfarrer und guter Freund der Familie, traute uns.

Das Mittagessen fand beim Gasthof Marktl in Gnesau statt, dem Elternhaus von Hilde Leeb und ihren elf Geschwistern. Peter erzählte später, dass er das gute Mahl vor Nervosität gar nicht hatte genießen können. Kurze Einkehr beim Nachbarwirt – „Mochar". Dort nahm mich Hans Leeb zur Seite und fragte: „Wie werst denn jetzt zu mir sagen?" Ich antwortete spontan: „Vater." Aber irgendwie brachte ich es doch nie über die Lippen, und so blieb es auch in der Zukunft bei „Chef".

Abends gab es ein großes Fest im Hochschober: Verwandte, Bekannte, Nachbarn, alle waren eingeladen. Es werden wohl an die zweihundert Gäste gewesen sein. Die Hauskapelle „Köhler" spielte. Ich sehe meine Großeltern noch neben der Bar auf der Bank sitzen. Beide im dunklen Sonntagsgewand, meine Großmutter mit ihrem kleinen Hut – ein schmaler, brauner Tüllschleier rund um die Krempe gelegt. Mit ihren vom Rheuma verformten Händen im Schoß. Jedes Mal, wenn sie begrüßt wurde, stand sie auf und reichte die Hand. So war sie: gradlinig, herzensgut, unerschütterlich auf ihre Art. Und sie war mit mir glücklich. Spät in der Nacht fuhren sie wieder heim zum Ronacher. Kurz darauf erlitt sie einen schweren Schlaganfall und musste ins

Krankenhaus. Dr. Raidel, ihr Arzt, meinte, auch übergroße Freude kann einen Schlaganfall auslösen.

Irgendwann vor Mitternacht streikten auf einmal meine Nerven und ich saß im Büro und weinte. Wie ich Jahre später erfahren musste, hatte Hans Leeb während der frohen Feierlichkeit unter anderem zu Peter gesagt: „Warum so weit obisteign!" Wie groß muss seine Enttäuschung darüber gewesen sein, dass sein Nachfolger nicht eine passendere Frau ausgesucht hatte.

Am nächsten Morgen halfen Peter und ich gemeinsam, das Frühstück herzurichten und zu servieren, denn viele Gäste hatten im Haus übernachtet. Unsere Hochzeitsreise mit „Booboo", dem kleinen Karman Ghia, ging nach Rogaška Slatina in Slowenien und ins steirische Bad Gleichenberg.

Hinein in meine neue Rolle!

Mein Wille, allen alles recht zu machen, war ebenso groß wie mein Fehlerpotenzial. Peter stand voll hinter mir, das half mir enorm in dieser für mich nicht leichten Anfangszeit. Zu gerne hätte ich konkrete Aufgaben übernommen. Als ich Hilde Leeb geradeheraus bat: „Sag mir, was ich tun soll", antwortete sie: „Geh nur hinter mir her und schau genau, wie ich es mache." Ein gut gemeinter Vorschlag, aber schwer umzusetzen.

Ich hatte auch ein Problem damit, auf Leute zuzugehen, sie anzusprechen. Ich fürchtete mich regelrecht davor. Und dann gab es noch meine „Schwellenangst": Ich nahm mir vor, in den Speisesaal zu gehen, um Gäste zu begrüßen. Aber ich kam nicht über die Schwelle! Es war wie ein Bann! Ich brauchte Jahre, um diese Angst zu überwinden.

Dass ich mir meinen Platz und meine Position erkämpfen musste, war mir klar. Einige der ehemaligen Kollegen verhielten sich fair, andere ließen mich vollkommen auflaufen. Mit dem Rückhalt von Peter aber gelang es mir, meinen Stand kontinuierlich zu verbessern. Wir hielten fest zusammen!

Der Stammhalter und die Oma

Am 4. September 1968 kam unser Erstgeborener, ein Prachtbub, zur Welt. Zehn Tage blieb ich mit Hannes im Klagenfurter Sanatorium Maria Hilf, dann holte uns der stolze Vater ab. „Lass ihn nur nicht fallen", trug Peter mir auf, als wir zum Auto gingen. Es tut mir heute noch von Herzen leid, dass wir auf dem Weg zur Turracher Höhe nicht beim Ronacher zugekehrt sind, um meiner Großmutter ihr Urenkelkind zu zeigen. Wie hätte sie sich gefreut! Wenig später starb sie, ohne ihn gesehen zu haben.

Hannes war ein herziges Baby, trank gierig erst die Muttermilch, dann sein Fläschchen, und er hatte immer großen Appetit! Ich erinnere mich, dass ich in meiner Mutterrolle voll und ganz aufging. In dieser Zeit bot mir Hilde Leeb das Du an. Jetzt war sie für mich die Frau Mama – später die Oma.

Als der Frühling und der Sommer kamen, wurde Hannes von seiner Oma fleißig im Kinderwagen spazieren gefahren. Es gibt eine Menge entzückender Fotos aus dieser Zeit. Hannes wurde von allen geliebt, verwöhnt und bewundert. Auch Frau Mama war froh und zufrieden und ging in ihrer fürsorglichen Rolle als Großmutter auf. Die Beziehung zwischen ihr und Hannes wurde immer inniger.

Als der Bub etwa vier Monate alt war, entdeckte der Kinderarzt bei ihm einen Hodenbruch und wir brachten ihn in die Kinderklinik nach Klagenfurt. Ich sehe mich vor der großen Glasscheibe zum Raum mit den Bettchen stehen. Er wurde gerade gewickelt und drehte den Kopf zu mir. Ich hoffte inständig, dass er mich erkannte … Ganz blass war er, als wir ihn wieder mit nach Hause nehmen durften. Doch er erholte sich schnell und war wieder fröhlich und an allem interessiert. Hannes konnte sich so im Spiel vertiefen, dass er rundherum die Welt vergaß. Als er dann schon sprechen konnte, war er über die Maßen neugierig. Warum – warum – warum?! Seine Oma brachte ihm Lieder mit mehreren Strophen bei, die er auch gerne vortrug:

„Ich weiß ein kleines Wegerl im Helenental …" oder „Liebe kleine Schaffnerin ..." oder „Die Maus mit dem Käse ..." und so weiter.

Im Alter von circa drei Jahren bekam er eine Gehirnhautentzündung. Der Arme hatte große Schmerzen. Unser Hausarzt Dr. Raidel behandelte ihn und wir durften Hannes zu Hause behalten. Dr. Raidel ordnete an, dass wir dem Kleinen keine Flüssigkeit geben durften. Dabei war er so durstig! Oma war mir in dieser Zeit eine große Hilfe. Dr. Raidels Therapie half und Hannes überstand die schwere Krankheit ohne Folgeschäden.

Oma war eine Meisterin in Ritualen. Alles musste zu seiner Zeit sein, seinen geregelten Ablauf haben. Für Kinder ist das ganz wichtig, sagte sie immer. Zum Beispiel vor dem Einschlafen eine Gute-Nacht-Geschichte von uns – oder von der Oma. Allerdings hatte sie auch eine Erziehungsstrategie, mit der wir nicht immer konform gingen: das „Ablenken". Wann immer der kleine Mann besonders wütend war oder partout etwas erreichen wollte, hieß es: „Lenke ihn ab, dann vergisst er es schon wieder!" Nun, das „Nein" begleitet uns trotzdem in unserem Leben, ob wir wollen oder nicht.

Und in lebhafter Erinnerung ist Hannes' Faible für Süßes. Schon als kleines Kind liebte er Schokolade über alles. Seine Bezeichnung dafür war „Gogogaga", begleitet von hohem, begeistertem Kreischen. Die Begeisterung ist ihm geblieben.

Inspirationen holen

Im Herbst 1969 gab es eine Exkursionsfahrt von der ÖHV (Österreichische Hoteliervereinigung) nach Mailand ins Tessin und nach Zürich. Wir fuhren mit. Es war eine Reise, die uns für die Zukunft im Hochschober viel Inspiration und tolle Ideen brachte.

Im Tessin besuchten wir das Hotel Losone: Erbaut in einem ehemaligen Bachbett, vom Gebäude her nichts Außergewöhnliches, aber mit Hunderten originellen Ideen, einer bemerkenswerten Philosophie und einem Besitzer, der seiner Zeit weit voraus war. Wir waren total hin und weg.

Von dieser Reise zurückgekehrt, entwickelten wir für den Hochschober das Oktober-Programm. Ein witziger Prospekt mit Galgenhumor und Augenzwinkern wurde gestaltet. Programme wie Holzschnitzen, Malen, Trockensträuße binden, Cocktail mixen, Puppen basteln und vieles mehr wurden ab sofort im Haus angeboten. Die Ideen griffen, die Gäste fanden Gefallen daran – und so wurde aus dem Oktober als Nichtsaison ein gut ausgelasteter Herbstmonat.

Auch mit den geführten Wanderungen begannen wir zu dieser Zeit. Wir waren selbst gerne und viel unterwegs – Königstuhl, Eisenhut, Dr.-Josef-Mehrl-Hütte, Flattnitz, je nach verfügbarer Freizeit. Als die Tagestouren, zum Beispiel die Sieben-Gipfel-Tour zur Flattnitz, im Turracher Kurier angeboten wurden, meldeten sich über fünfzig Leute dazu an. Das war die reinste Völkerwanderung! Um 9 Uhr ging es los und gegen 18 Uhr müde und zufrieden wieder zurück. Und anschließend in die Sauna und ins Hallenbad.

Die kleine Schwester

Am 28. Jänner 1970 kam Karin im Klagenfurter Sanatorium Maria Hilf auf die Welt. Ein entzückendes Mädchen, rundherum gesund und gut „ausgebacken", wie die Hebamme Frau Waldhauser befand. Es war eine leichte Geburt. Der Arzt und die Hebamme empfahlen mir, gleich mit dem Fläschchen zu füttern. Nach zehn Tagen Erholung und einander Kennenlernen fuhren wir, mit der kleinen Karin in der Tragtasche, heim auf die winterliche Turrach. Es gab viel Neuschnee, Verwehungen und einen argen Sturm. Peter blieb mit dem VW Variant am „60er-Pichl" hoffnungslos stecken. Die Räder drehten nur mehr durch, das Auto schob sich von links nach rechts, die Kupplung roch verbrannt. Ein paar Männer, die mit ihren Autos ebenfalls nicht weiterkamen, halfen uns Stück für Stück nach oben. Sie schoben mit aller Kraft unser Fahrzeug bergwärts.

Endlich daheim in der warmen Wohnung packten wir unser Baby aus und Hannes betrachtete seine kleine Schwester zum ersten Mal. Ich wickelte und fütterte Karin und dann sah ich, wie der kleine Hannes seine Hände auf dem Couchtisch verschränkte und sein Köpfchen drauflegte ... jetzt bekam plötzlich die Schwester alle Aufmerksamkeit. Er sah traurig aus.

Resi Blasge, ein liebes, freundliches Mädchen aus der Reichenau, half mir bei den Kindern. Und Hannes war auch viel in Omas Obhut. Ich nahm gleich wieder meine Aufgabe in der Küche und am Küchenpass auf. Karin trank brav, schlief gut, war ein zufriedenes Baby. Bis sie nach einigen Wochen Durchfall bekam, der immer stärker wurde. So schnell wie sie das Fläschchen mit Appetit austrank, landete die unverdaute Milch wieder in der Windel. Es war beängstigend. Ein Kinderarzt versprach ins Haus zu kommen – wir warteten den ganzen Tag vergeblich auf ihn. Er kam erst spätabends. Karin hatte schon viel zu viel Flüssigkeit verloren, war matt und still. Mit der Überweisung ins Krankenhaus fuhren wir sofort los. Während dieser Fahrt nach Klagenfurt horchte ich immer angstvoll auf ihren Atem. Dort angekommen, erhielt Karin als Erstes eine Infusion mit Salzlösung. Wir bekamen ein Einzelzimmer, ich konnte bei Karin bleiben.

Ich trug sie tage- und nächtelang, damit sie nicht weinte. Es wurde versucht, sie kleinweise mit Karottensuppe und Milchnahrung aufzubauen, aber es gelang einfach nicht. Karin war blass, zart und hatte ein kummervolles Gesichtchen. Mir war, als hätte ich einen schweren Stein auf dem Herzen. Stationsschwester Antonia Hafner war für

Karin zuständig. Sie kümmerte sich intensiv um die Kleine und sprach mir Mut zu. Der Zustand der Kleinen verbesserte sich aber nicht, und so fuhren wir nach drei Wochen wieder heim.

Erneut zum Kinderarzt, diesmal zu Dr. Kuttnig. Dieser vermutete ein Problem mit der Bauchspeicheldrüse. Er schickte uns in die Uni-Klinik nach Wien zu Facharzt Dr. Stuhr. Dieser machte bei Karin einen Schweiß-Test an ihren Ärmchen und befand, dass es die befürchtete Krankheit Mukoviszidose – gottlob – nicht war.

Ich weiß heute nicht mehr, wie viele Wochen ich mit Karin in der Uni-Klinik blieb. Es wurde und wurde nicht besser. Unverrichteter Dinge fuhren wir mit dem Zug wieder heim. Wir waren verzweifelt. In dieser Situation rief ich Antonia Hafner, die Krankenschwester aus Klagenfurt, an und erzählte ihr alles. Die erfahrene Frau sagte mir daraufhin ein Diätrezept an, das aus Kuhmilch, Wasser, Maisstärke, Zucker und Zitronensaft bestand. Die exakten Mengen maß ich mit der Briefwaage (!) ab und kochte jedes Fläschchen, ob am Tag oder in der Nacht, immer frisch. Alle Angaben trug ich auf einer Liste ein, so wie Schwester Antonia es mir empfohlen hatte.

Und siehe da, ab dem ersten Fläschchen bemerkte ich, dass Karin diese Nahrung annahm und auf ihren Wangen ein feiner, roter Hauch zu erkennen war. Sie behielt die Nahrung, ihr Stuhl wurde wieder wie er sein soll. Erst langsam und dann immer schneller konnten wir sehen, wie sie wieder gesund wurde. Mein Glücksgefühl und die Erleichterung waren unbeschreiblich. Karin fand ihr Lächeln wieder! Sie genoss ihre Mahlzeiten, wurde richtig pummelig und einem kleinen strahlenden Buddha nicht unähnlich. Dazu gibt es „Beweisfotos“. Schwester Antonia, die mit ihrem Rat und Beistand unsere Karin wieder gesund gemacht hatte, war ich bis zu ihrem Lebensende auf das Tiefste verbunden. Ihr ganzer Lebensinhalt waren „ihre“ Babys auf der Kinderabteilung gewesen. Nach ihrer Pensionierung wurde sie krank und depressiv, musste ihre schöne Wohnung aufgeben und lebte zuletzt im Antonius-Seniorenheim in Klagenfurt. Ich besuchte sie so oft ich nur konnte, bis zu ihrem Tod.

Während dieser fünf Monate, in denen ich ausschließlich für Karin da war, kümmerte sich Oma Leeb um den zweijährigen Hannes. Das war eine große Erleichterung für mich, denn ich brauchte mir um ihn keine Sorgen zu machen.

Für mich ging es dann wieder zurück zu meiner Arbeit. Nach und nach übergab mir meine Schwiegermutter verantwortungsvolle Aufgaben:

Ich stand während der Essenszeiten am Küchenpass, kontrollierte die Kühlschränke, achtete darauf, was verwertet werden musste, zerteilte das Fleisch und schnitt die Kleinteile aus, erledigte die Menüplanung und die Lebensmittelbestellungen. Resi Blasge und später Resi Trattler, beide aus der Reichenau, waren als Kindermädchen beschäftigt und sorgten für die Kinder, während ich arbeitete. Auch Oma Leeb hatte immer ein Auge auf die Kleinen, wobei sich Hannes am liebsten bei ihr aufhielt.

Hans Leeb konnte man ansehen, wie gerne er seine Enkelkinder mochte und dass er ein stolzer Großvater war. Er ging liebevoll mit ihnen um.

Nach einem Kontrollbesuch stellte der Kinderarzt fest, dass bei Hannes die Beinstellung korrigiert werden musste. Das war zunächst ein Schock, aber der Orthopäde fertigte zwei Schienen aus Leder an, die wir Hannes monatelang während der Nacht anschnallten. Durch das konsequente Anlegen der Schienen passten sich die Knochen an und die Beinstellung entwickelte sich genau richtig.

Zurückschauend auf die generelle Meinung über Kleinkinder und Säuglingspflege gilt zu sagen: Damals war man der Ansicht, dass Säuglinge in den ersten Monaten absolute Ruhe bräuchten. Auch die Wickeltechnik war ganz speziell! Mit Stoffwindel, Latex-Unterlage, Moltontuch wurde das Baby wie ein Striezel fest eingepackt. Und wenn das Baby einmal schrie, hieß es: „Lass es nur schreien." Eine befremdliche, ja lieblose Methode für die allerersten Lebensmonate.

1971 kam Elfi Gladik aus Murau als Sekretärin in den Hochschober. Eine feine, zurückhaltende, gebildete junge Frau, die im Laufe der Jahre alle Agenden des Büros, der Reservierung und der Abrechnung übernahm. Eine Persönlichkeit, die von allen geschätzt und verehrt wurde. Zwanzig Jahre blieb sie im Hochschober, dann heiratete sie und zog zu ihrem Mann nach Hamburg.

Und wieder ein Werden – und Vergehen

Unser drittes Kind ist unterwegs! Etliche Wochen vor dem Geburtstermin sind wir auf der wieder einmal stark verschneiten Straße Richtung „60er-Pichl" unterwegs, diesmal mit dem Mercedes vom Chef. Es ist eisglatt. Trotz Ketten rutscht das Auto, dreht sich talwärts und wir rammen den entgegenkommenden Schneepflug frontal. Dem Schneepflug macht das nichts aus, wohl aber dem Mercedes.

Peter und wir beide, mein Baby im Bauch und ich, haben den Aufprall unbeschadet überstanden, sind aber doch geschockt. Das letzte Steilstück unter der Maierbruggersiedlung zurück bis zum Hotel stapfen wir zu Fuß. Am nächsten Morgen wird das kaputte Auto abgeschleppt. Hannes mit seinen vier Jahren steht am Fenster, beobachtet alles und meint, das Schicksal des Fahrzeugs bedauernd: „Jetzt fahrt er weg, der arme Haita."

In einer dieser extrem kalten Winternächte sind wir Richtung Turracher Höhe unterwegs. Im „Windloch" sehe ich, im letzten Augenblick, am Straßenrand etwas Dunkles am Hang lehnen, und wir fahren zurück. Es ist ein sturzbetrunkener Mann, der den Weg zu seiner Hütte nicht mehr geschafft hat. Wir bringen ihn dort hinauf, wo er in Sicherheit ist. Sein Glück, dass wir ihn entdeckt haben.

Am 12. Dezember 1972 kommt also Ralf zur Welt, unser herziger, gesunder, kräftiger Bub. Ich stille ihn. Er ist so brav – er meint es gut mit seinen Eltern! Er weint kaum, schläft viel, entwickelt sich prächtig.

In diesem Winter – 1972/73 – wird der Hochschober erheblich vergrößert. 42 Betten des Studiotraktes sind neu, die Wäscherei, der Speisesaal, die Büros. Alles muss sich erst wieder einspielen. Es gibt demzufolge auch mehr Mitarbeiter. Für uns bedeutet dies eine neue Größenordnung, für mich mehr Arbeit, Verantwortung – aber auch eine Menge Erfolgserlebnisse!

Frau Mama – Oma Leeb – ist mir nach wie vor eine große Hilfe und unterstützt mich vor allem bei den Kindern. Sie kümmert sich um ihre Kleidung, isst mit ihnen zu Mittag, lehrt sie gute Tischmanieren. In dieser Zeit kauft Peter das Appartement in Porto Santa Margherita bei Caorle. Seine Mutter ist so glücklich darüber, vom ersten Moment an liebt sie diesen Platz. Fast zwanzig Jahre verbringt sie in der Folge jedes Jahr den Sommer dort. Die Kinder kommen in den Ferien mit und sind in guter großmütterlicher Obhut.

Einen Wermutstropfen gab es aber schon, im Miteinander von Alt und Jung … Mit den ständigen Erneuerungen, der Vergrößerung und den damit verbundenen Änderungen kam es immer stärker zu Konflikten zwischen den Generationen. Oft wurde der Senior vor vollendete Tatsachen gestellt. Er wollte und konnte wohl auch nicht einverstanden sein, mit all dem konform gehen. Die Fronten verhärteten sich.

In der Rückschau finde ich, es ist schade um die vergeudete, kostbare Energie. Einer tut dem anderen weh und letztlich auch sich selbst. Miteinander reden, sich anvertrauen und ausdrücken was einen belastet ist manchmal schwierig – und doch der einzige Weg, um wieder zueinander zu finden oder zumindest den anderen besser zu verstehen. Vor allem für die Älteren ist es belastender und schwerer zu ertragen, sie fühlen sich auf dem „absteigenden Ast". Das Leben ist ein Werden und Vergehen.

Am 19. Oktober 1974 stirbt Hans Leeb. Am Vorabend war er noch mit Bekannten gemütlich an der Bar zusammengesessen. Zu seinem Begräbnis kommt eine unüberschaubare Menge an Menschen, die von ihm Abschied nehmen. Er war beliebt, geachtet, hochgeschätzt – ein Pionier mit Weitblick.

Der Riesen-Abenteuer-Spielplatz

Unsere Kinder haben ein wahres Paradies zum Spielen zur Verfügung. Das riesige Haus – wo man sich da überall verstecken kann! Es gibt die „Rumbum-Buden", von denen die Erwachsenen nichts wissen, wo auch Süßigkeiten gebunkert werden. Die Klopapierpakete, die bis an die Decke gestapelt und als Kletterberge genutzt werden. Mit den Fahrrädern durch Küche und den Speisesaal Wettrennen veranstalten. Ja – und ausprobieren, ob sich ein Sprung in den Wäscheabwurfschacht ausgeht. Vorsichtshalber versucht der Bruder erst einmal, die kleine Schwester dazu zu überreden ... Und erst die Natur rund ums Haus! An den Felsklippen zum See hinunter, das Areal bei der Gletschermühle, im Winter das wilde „Waldwegerlfahren", die wilden Stürze auf den Pisten ... und noch so viel mehr!

Hannes lebte eine Zeit lang ganz in der Rolle des Batmans. Mit wallendem Umhang und Holzschwert seilte er seine Gefangenen über das Balkongeländer ab. Phantasie ohne Ende. Eigentlich hat es mich gewundert, dass er nicht Pilot geworden ist. Sein Wunsch zu fliegen war immer da. Gerne zerlegte er auch Elektrogeräte, Stecker und so weiter, um sie wieder zusammenzubauen. Oma förderte seinen Wissensdurst mit interessantem Spielzeug und guten Büchern.

Karin war immer mit dabei, im Windschatten des großen Bruders. Kurze Haare, angezogen wie ein Bub, ein entzückendes Mädchen mit großen Augen und süßem Lächeln. Sie lernte vom Bruder, und noch mehr lernte sie, sich zu behaupten.

Ralfie, respektive Ralf – heute dürfen wir das „ie" nicht mehr anhängen –, der Dritte im Bunde. Der kleine Mann, spitzbübisch, mit aufmerksamen Augen und braunem Haarschopf. Sensibel, empfindsam, von Herzen jedem zugetan. Er liebte es besonders, gekitzelt und gekrault zu werden – und das ohne Ende. Mit seinen zwei älteren Geschwistern hatte er keinen leichten Stand, doch glaube ich mich zu erinnern, dass Karin, so klein sie auch war, stets die Rolle der Vermittlerin einnahm.

Ich weiß nicht mehr, wie und wann es dazu kam, dass Ralf von klein auf als Hochschober-Junior gesehen wurde. War es seine gewinnende, offene, lausbübische Art? Lange blieb es bei unserer Überzeugung, bis er selber mit fünfundzwanzig Jahren anders entschied und sein Studium im ArtCenter in Los Angeles begann. Wie wir heute wissen, eine gute und richtige Entscheidung.

Liebe und Gewissensbisse

Es muss Dezember 1975 gewesen sein. Wir waren zu einer ÖHV-Tagung in Warmbad-Villach. Der Turracher See hatte am Rand rundherum die erste Eisschicht, weiter innen war der See noch frei. Auf dem Eis lag eine feine Schneeschicht. Ralfie war drei Jahre alt. Er probierte aus, ob das Eis hält und spazierte geradewegs auf die freie Wasserfläche zu. Frau Mama war zum Spazieren auf der Straße und entdeckte ihn auf dem Eis. Sie rief ihm zu, er solle sofort wieder zum Ufer gehen. Hinterher sahen wir noch seine kleinen Fußspuren auf dem dünnen Eis, das – dem Himmel und allen Schutzengeln sei gedankt – doch gehalten hatte.

Wenn ich abends nach dem Küchendienst hinauf in die Wohnung zu den Kindern kam, sagte Karin: „Mama, bist schon müde." Und hielt mich fest. Sie sah es mir wohl an. Oder Ralfie, der mich am Bett vor dem Einschlafen bat: „Tun wir zwei noch ein bissl reden." Die Kinder merkten mir an, dass ich geschafft war. Und Thomas, der Viertgeborene, meinte einmal, als ich ihn zur guten Nacht umarmte: „Mama, du riechst nach Koschpl!" Es war der Küchengeruch, der ihn störte.

Wenn es später wurde und die Kinder aufwachten, manches Mal auch weinten, setzten sie sich auf die Stiege zum ersten Stock und warteten auf die Mama. Karin war später schon couragierter, telefonierte in die Küche und ließ ausrichten, dass ich zu ihnen kommen soll. Wenn ich daran denke, mischen sich Liebe und Gewissensbisse in meine Gedanken.

Im Mai, nach der Wintersaison, fuhren wir öfter nach Bad Gleichenberg. Bevor die Kinder in die Volksschule gingen, kamen sie mit. Dort war es um diese Jahreszeit schon frühlingshaft warm, das Gras stand hoch, die Bäume blühten – und die Kinder lernten dort das Radfahren. Einmal füllte Karin beim Spielen eine Milchflasche mit Wasser, stürzte damit und schnitt sich die Arme und Händchen an den Scherben auf. Sie war so arm! Beide Hände kamen in Gips. Ich darf heute immer noch nicht daran denken.

Hannes kam in die Volksschule nach Ebene Reichenau. Wir hatten mit ihm, wie auch mit seinen Geschwistern, von Anfang an Hochdeutsch gesprochen, wenig Dialekt. So gut und richtig es für Hannes war – in der ersten Klasse musste er sich bei seinen Mitschülern sehr schnell auf den Reichenauer Dialekt umstellen. Das Hochdeutsche war für die Winkler und Sauregger „Buaman" ein Grund ihn zu hänseln.

Ralfie war etwa fünf oder sechs Jahre alt. Wir planten mit Gästen eine etwa sechsstündige Wanderung zur Flattnitz. Der Bub hatte einen Freund aus dem Gästekreis, der seine Eltern begleitete, deshalb wollte er unbedingt ebenfalls mit. Ich aber hatte Bedenken. Auf der halben Höhe vom Schoberriegel fragte er schon, wann wir endlich da wären! Mit viel gutem Zureden und noch mehr Lob ging es bis zum Weißen Kreuz unter dem Lattersteig. Es lagen weitere zwei lange Stunden vor uns. Ich nahm meinen Ralfie Huckepack und so kamen wir schließlich in Flattnitz an.

Huckepacktragen war überhaupt meine Spezialität. Ich trug meine Kinder gerne durch die Gegend, hatte sie gerne nahe bei mir, beispielweise im Haus, beim Spazieren rund um den See, zum Picknick am Sam oder mit der Rückentrage beim Wandern nach St. Lorenzen.

Hannes, Karin und Ralf waren oft verkühlt und bekamen Angina. Unser Hausarzt Dr. Raidel empfahl, gleich bei allen dreien die Mandeln entfernen zu lassen. Also ab ins Krankenhaus nach Klagenfurt. Ich sehe sie nach der Operation in ihren Betten liegen. Es war schlimm, ein echter Jammer. Es bluteten die Wunden nach, sie hatten Schmerzen und weinten. Ralfie musste nochmals in den OP zum Blutstillen. Wieder zu Hause brauchten sie eine Weile, um sich wieder zu erholen. Aber mit der Angina war es ab diesem Zeitpunkt glücklicherweise vorbei.

Ich stelle fest, dass mir die Krankheiten meiner Kinder besonders stark und deutlich in Erinnerung sind. Da war wohl meine ganze Aufmerksamkeit ungeteilt bei ihnen. Und die andere Zeit? Randvoll mit Routine, Herausforderungen, ehrgeizigen Plänen und Problemen, die die Arbeit im Hotel so mit sich brachte.

Thomas und die Schulkinder

Thomas kam am 14. September 1977 zur Welt, ebenfalls im Sanatorium in Klagenfurt. Eine sanfte Geburt. Thomas war ein hübsches, zartes Baby. Er bekam von Anfang an die Flasche, war aber ein fauler Esser! Er trank nie die vorgeschriebene Menge, was mich ziemlich verunsicherte. Auch später musste man ihm das Essen regelrecht hineinschwindeln.

Hannes war jetzt neun, Karin sieben, Ralfie fünf Jahre alt – und Thomas das „neue" Baby. Von da an ging es richtig rund in unserer Wohnung! Die Oma der Rasselbande half mir viel bei den beiden Großen, die ja schon in die Schule gingen. Kindermädchen gab es auch, zumeist junge Mädchen, die mir einen Teil der Obsorge mehr oder weniger gut abnahmen. Nur, da gab es leider noch keine Anni Grabner, so wie heute bei meinen eigenen Enkeln!

Während der Sommerferien reisten Hannes, Karin und Ralfie abwechselnd mit der Oma nach Italien, in unsere Wohnung am Meer. Zu Schulbeginn im September kamen sie dann haselnussbraun und mit sonnengebleichten Haaren wieder heim auf die Turrach.

Mitte bis Ende der Siebzigerjahre, als die Kinder nacheinander in die Volksschule Reichenau und daraufhin in die Internate nach Felbertal, Gmunden und Saalfelden kamen, war Oma für ihre schulpflichtigen Enkelkinder wie ein Basislager. Die Wochenenden daheim waren reserviert für liebgewordene Rituale: Reisfleisch mit Tomatensoße als Sonntagsessen, Götterspeise, Speckbrote fein hergerichtet, Rosinenbrot und süßer Kakao mit Schlag. Das alles wurde genossen, bevor es wieder in die Schule ging. Pakete mit „Schlecksis" und Selbstgebackenem wurden regelmäßig ins Internat geschickt. Für alles, was meine Schwiegermama unseren Kindern mit riesengroßer Hingabe getan hat, habe ich ihr viel zu selten Danke gesagt.

Alle diese Liebesdienste gaben unseren „Internatskindern" enormen Halt und halfen ihnen ein wenig über die Heimwehzeit hinweg. So jung so weit weg von daheim! Sie haben viele Briefe aus dem Internat an uns geschrieben – diese drückten alles aus. Die Fahrten nach Felbertal, Gmunden und Saalfelden machte meistens ich, so oft ich nur irgendwie konnte. Das Abholen und Hinbringen war mir ganz wichtig. Beim Hinfahren hatte Karin anfangs regelrechte Panik, dass wir nicht pünktlich ankommen, deshalb drückte ich ordentlich aufs Gas. Es gab da Erzieherinnen, die richtig bösartig waren und auf die Mädchen der Unterstufe Druck ausübten. Am Ziel angekommen, half ich den Kasten einzuräumen, das Bett frisch zu beziehen. Beim Abschied gab es eine feste Umarmung und ein dickes Bussi – und das Versprechen, oft zu schreiben und zu telefonieren. Heimweh und Wehmut auf beiden Seiten.

Die Fahrtdauer nach Ebenau in Salzburg, wo Hannes das Werkschulheim Felbertal besuchte, betrug an die zweieinhalb Stunden, nach Saalfelden, wo Thomas in der damaligen BEA (Bundeserziehungsanstalt für Knaben) war, etwa drei, nach Gmunden gute dreieinhalb Stunden. Ralf, der in Tamsweg ins Gymnasium ging, war mit einer Stunde Fahrtzeit vergleichsweise gut dran. Er wohnte bei Familie Lintschinger in der Griesgasse, wo er gerne war. Allein die gemeinsame Zeit im Auto wog schon viel und war kostbar. Später in den Oberstufen wurde das Zugfahren interessanter und unterhaltsamer.

Die Wochenenden zu Hause, während des Schuljahres, waren für die Kinder und für uns eine „Ausnahmezeit". Wir wollten es ihnen immer besonders schön machen. Unter der Woche waren es jetzt die Lehrer, Erzieher und Professoren, die maßgeblichen Einfluss auf Lernerfolg und persönliche Entwicklung hatten – in einer Zeit des Erwachsenwerdens, in der die Eltern mindestens genauso viel dazulernen müssen wie ihre Kinder.

Bei den Fahrten spätabends zurück auf die Turrach war ich des Öfteren schon vollkommen erschöpft. Da waren lautes Singen, ein geöffnetes Autofenster oder die Hand Hinaushalten die letzte Möglichkeit, um mich wachzuhalten. Wenn aber die Buchstaben auf den Autobahnschildern zu tanzen begannen, wusste ich, es war höchste Zeit für eine kurze Pause am Parkplatz. Und ich war froh, wieder nach Hause zu kommen, denn dort wartete in der Wohnung Peter auf mich mit einem Jausenbrot und einem Glas Bier.

Heute darf ich erleben, wie unsere erwachsenen Kinder selber Eltern sind und ihre Rolle großartig erfüllen. Sie nehmen sich Zeit, teilen sich die Aufgaben, vermitteln ihren Kindern Liebe, Sicherheit und Selbstbewusstsein. Unsere Kinder und Schwiegerkinder sind großartige Eltern!

Über die Kindheit in einem Hotel

Von Karin Leeb

Seit ich meine eigenen Kinder hier aufwachsen sehe, denke ich oft darüber nach, wie ich meine Kindheit im Hotel verbracht habe. Unweigerlich vergleiche und bewerte ich – was war früher besser und was würde ich mir für meine Kinder von der damaligen Zeit ins Heute wünschen? Fest steht, was wir als „falsch“ betrachten, war damals völlig „richtig“ und normal: Wir verbrachten die meiste Zeit (völlig ohne Aufsicht!) in der Natur, sind auf Bäume gekraxelt (ohne jegliche Absicherung), haben an den Seen gespielt (bevor wir schwimmen konnten), und die gesamte Turrach war unser Abenteuerspielplatz. Natürlich waren meine drei Brüder „Impulsgeber“ für wildes Schifahren, draufgängerische Waldwegerl-Touren und Absprünge von den Felsen bei der damals noch Sonnlift genannten Sonnenbahn.

Unsere Kinder sind heutzutage keine Minute unbeaufsichtigt. Bei allen Aktivitäten draußen in der Natur überlege ich: Was kann passieren, wo müssen wir aufpassen? Oft fehlt mir die Leichtigkeit, die Unbesorgtheit, die ich als Kind erleben durfte und die mir unglaubliche Erlebnisse bereitet haben. Da war der Hochsitz oberm Kranzlbinder, von wo aus wir mit dem Fernglas die beim Hochschober aus- und eingehenden Gäste beobachtet haben, oder das Feuersalamander-Fangen im tiefen Moor am Hochplateau bei der Gletschermühle.

Ich sehe an meinen eigenen Kindern, wie viel reicher an Spielzeug und wie viel ärmer an Abenteuern sie sind. Wenn ich das Großlager an Spielzeug in unserem privaten Kinderzimmer sehe, frage ich mich, warum wir uns die Materialschlacht antun. Irgendwie beruhigend ist es dann zu sehen, dass nicht nur Hotelkinder, sondern auch Bergbauernkinder so aufwachsen. Trotzdem bereitet es mir Unbehagen, weil das Übermaß an Material kein Übermaß an Spielvergnügen bedeutet. Ein Mai-Pfeiferl, vom „Hochsinner-Opa“ geschnitzt, freut den kleinen Daniel viel mehr als der in einem Anfall von Liebe gekaufte fünfzehnte Kipplaster. Jene, die Kinder, Neffen oder kleine Geschwister haben, werden verstehen, was ich meine.

Als unsere Julia die Begeisterung entdeckte, auf eigene Faust im großen Haus ihre Wege zu gehen, war ich unendlich besorgt und vorsichtig. Gleichzeitig erinnerte ich mich daran, wie selbstständig ich in dem Alter meinen Tag alleine im Haus und in der Natur verbracht habe. Zwar anfangs unter den strengen und liebevollen Augen der Oma, später aber doch lieber in Eigenregie.

Ein anderes Beispiel für die geänderte Sichtweise: Kinder wurden früher grundsätzlich ohne Kindersitz und ohne Gurt im Auto transportiert. Nicht, weil die Eltern nachlässig gewesen wären – es war ganz normal. Heute steht mir der kalte Schweiß auf der Stirn, wenn ich mir vorstelle, die Kinder würden ohne Anschnallen in die Reichenau fahren.

Auch die Einstellung zu Gesundheitsfragen hat sich vollkommen verändert: Ein knalliger Sonnenbrand, made in Italy, war für uns Kinder willkommener Anlass, uns gegenseitig abendelang die Haut von den Schultern zu ziehen – was für ein Spaß und Vergnügen. Heute ist allein die Vorstellung eines schlimmen Sonnenbrands ein Horror. Wir cremen unsere Kinder mit Sunblocker Faktor 50+ ein, sobald die ersten Strahlen der Turracher Bergsonne hervorblinzeln.

Aber damals wie heute ist es für uns Hotelmenschen als Eltern eine Herausforderung, den eigenen Kindern zu vermitteln, dass nicht alle Kinder so privilegiert (in manchen Dingen) oder auch benachteiligt (in anderen Belangen) aufwachsen. Klar habe ich bis zum Eintritt in die Volksschule (Kindergarten gab es hier noch nicht) geglaubt, alle Kinder hätten ein Hotel daheim. Aber gleichzeitig weiß ich: Ich habe gelernt, mit den Gegebenheiten umzugehen und so werden es auch meine Kinder verstehen, dass andere Kinder anders aufwachsen als sie. Denn schließlich ist ein Hotel eine ständige Bühne, auf der ein Ausschnitt vom Leben zur Aufführung gebracht wird. Das Stück heißt „Urlaub", und wenn der Vorhang fällt, kehren unsere Gästekinder wieder in ihren Alltag zurück, während für Julia und Daniel das Leben im Hotel eine Dauervorführung ist.

Einmal habe ich einer Gäste-Mutter erzählt, wie wichtig es für mich ist, den Kindern zu vermitteln, dass die Vorzüge eines Hotels nicht selbstverständlich sind. Besonders dann nämlich, wenn die beiden, auf Besuch bei Oma und Opa in München, der Meinung sind, sie könnten jetzt in der Küche „Schnitzale mit Pommes" bestellen ... Diese Mutter hat mich dann damit getröstet, dass es ihr mit ihren Kinder gar nicht so viel anders ergehe: statt im Hotel Hochschober geben sie ihre Bestellung eben im Hotel Mama auf.

Erinnerungen an meine Schwiegereltern

Ich kann mich an keine Situation und keinen Moment erinnern, wo Hans Leeb und ich, er als mein Schwiegervater und ich als seine Schwiegertochter, uns persönlich im Gespräch näher gekommen wären. Offene Freude zeigte er nur, wenn die Enkel zu ihm kamen und er sich mit ihnen unterhielt. Das waren für ihn offensichtlich besonders schöne Augenblicke. Eine positive Rückmeldung zu meiner Arbeit hatte er nie übrig, so viel ich auch nachdenke, es fällt mir nichts ein. Wohl aber konnte ich von seiner Wirts- und Gastgeberpersönlichkeit viel lernen und übernehmen. Sogar bei den alljährlichen Baustellen und Reparaturarbeiten habe ich viel vom ihm mitbekommen, denn später wurde dies auch ein Teil meines Aufgabenbereiches. Das machte mich irrsinnig stolz und ich kniete mich da richtig hinein.

Seine Frau, Hilde Leeb, habe ich in meiner fünfjährigen Lehre als Vorgesetzte zu schätzen gelernt, weshalb sie für mich immer eine Respektperson und ein Vorbild in vielen Lebenslagen blieb. Ich habe sie geradezu verehrt und ich habe versucht, ihr ähnlich zu sein. Und doch – eine warme, herzliche Zuneigung ist nicht zustande gekommen. Mir als Schwiegertochter gegenüber war sie verschlossen, und ich hatte Scheu davor, mich ihr im Persönlichen mitzuteilen.

Meine Schwiegermutter war eine kluge Geschäftsfrau und äußerst diplomatisch. Sie konnte ihre „Pappenheimer" dorthin bringen, wo sie sie haben wollte. Viel Zeit verbrachte sie im Büro. Alles lief über ihren Schreibtisch. Und wenn sich des Öfteren die Arbeit anhäufte, legte sie einfach eine Nachtschicht ein, um wieder „auf gleich" zu sein. Anfang der Sechzigerjahre bekam ich mit, dass sie sich eine Rechenmaschine zugelegt hatte. Die „Odhner" war ein kompaktes, schweres Gerät mit dicken Tasten und einer Papierrolle. Sie ratterte gehörig, wenn die Zahlen zum Addieren hineingeklopft wurden. Hilde Leeb machte aber immer die „Gegenkontrolle" und rechnete die Zahlenkolonnen mit dem Kopf sicherheitshalber nach. Diese allererste Rechenmaschine steht sicherlich noch irgendwo im Lager!

Wenn ihr etwas gegen den Strich ging, hatte Hilde Leeb die Angewohnheit, erst einmal still zu sein („drüberzuschlafen"). So konnte längere Zeit vergehen. Wenn die Gelegenheit allerdings passte, teilte sie aus – mit feiner Klinge. Dabei war sie nie ausfällig oder laut. Diese Art der Zurechtweisung war zweifellos viel nachhaltiger als schnelle und unüberlegte Konfrontation. Vieles von dem, was sie mir in den Anfangsjahren im Haus sagte, manches auch nur so nebenher, verstand ich nicht. Und doch kam bei mir, oft erst nach etlichen Jahren, das „Aha-Erlebnis“.

Für junge Mädchen, die mehr an Spaß, Gaudi, Ausgehen und Burschen als am ernsthaften Arbeiten interessiert waren, hatte sie einen Sager parat: „Boden reiben lassen.“ Und Böden zu reiben gab es im Hochschober genug!

Frau Mama hatte so ihre Sprüche, die mir heute noch nachklingen. Zum Beispiel: „Willst du Gutes tun, wirf es ins Meer“ oder „Wer ehrlich denkt und handelt recht, der hat an Dreck und es geht ihm schlecht!“ oder auch „Beim Essen soll man liebliche Gespräche führen.“ Diese Aussagen entsprangen teils wohl aus manchen erlebten Enttäuschungen, die sie hinnehmen musste.

Sie war insgesamt sehr couragiert. Eine junge Frau, die im Haus angestellt war, wurde unverheiratet schwanger, der Kindsvater wollte aber nicht für das Kind zahlen. Hilde Leeb ließ nicht locker, bis der säumige Zahler seine Alimente ablieferte.

Frau Mama und die Chow-Chows

Schon als das erste Hochschober-Gasthaus gebaut wurde, bekam Hilde von ihrer Schwester Thresl einen Chow-Chow-Rüden namens Prinz geschenkt. Aber wie es so ist, Prinz war immer unterwegs und kam bei seiner Brautschau bis nach Turrach und Reichenau. Da war es mit den weiblichen Chow-Chows schon einfacher. Mama begann schließlich, die Rasse zu züchten – mit großem Erfolg. Die Zuchtwelpen waren wirklich zum Verlieben! Wollige braune Bündel, eingeknickte Ohren, Stupsnase, kleine Knopfaugen, dicke tapsige Pfoten, Stummelschwanzerl. Bei manchem Wurf waren es acht, zehn oder zwölf Stück. Das gab ein Gewusel, Gekläffe und Quietschen im Hundekindergarten.

Chow-Chows sind eine Hunderasse, die aus China kommt. Charakteristisch sind das wollige Fell, der eingerollte, buschige Schwanz, die kurze, gedrungene Schnauze und die blaue Zunge. Sie anerkennen nur einen Herrn, sind kaum belehrbar und äußerst eigensinnig. Ihr Aussehen wirkt eher unnahbar.

Die Stammbaum-Namen lauteten zum Beispiel: Romy, Dokki, Nadja, Utzi, Pascha, Dunja … Der Einfachheit halber gab es dann drei Dunjas hintereinander. Für alle war die Hotelhalle der bevorzugte Ruheplatz.

Wenn Gäste zum Büro wollten, mussten sie erst über einen schlafenden, laut schnarchenden Chow-Chow steigen.

Dunja II und III sind mit unseren Kinder groß geworden und schliefen abends und nachts vor der Wohnungstür. Wenn ihnen etwas nicht geheuer war, ließen sie ein tiefes, dunkles Grollen hören, das furchteinflößend klang. Eine der Dunjas war die persönliche Beschützerin unseres jüngsten Sohnes Thomas. Die beiden waren unzertrennlich, und wenn der Schulbus die Kinder zurück auf die Turrach brachte, saß Dunja schon an der Haltestelle bereit, um Thomas abzuholen. Seit 2003 gibt es keine Chow-Chows mehr bei uns. Vielleicht findet sich ja einmal eine Dunja IV ...

Das Hotelgeschehen: vier Jahreszeiten, zwei Saisonen

Ein schneereicher langer Winter, zumeist von Oktober bis Mai, die Schneeschmelze miteingerechnet, ein Frühling, der mit aller Macht daherkommt, ein Sommer mit der Almblütenpracht und dem Schnee, der über Nacht alle überrascht. Und der Herbst mit seiner stillen Geruhsamkeit und Farbenvielfalt. So präsentiert sich der Jahreslauf auf der Turracher Höhe.

In unseren Anfängen begann die Wintersaison erst eine Woche vor dem Heiligen Abend. Die meisten Mitarbeiter kamen kurz vorher. Den Zimmerplan für die Mitarbeiter zu erstellen, kostete mich oft schlaflose Nächte. Ich wollte es so hinbekommen, dass es für alle passte. In allen Abteilungen ging es dann zu wie in einem Bienenhaus. Viele Mitarbeiter waren neu und mussten sich erst einarbeiten. Manches lief anfangs unrund. Dazu kam mit den Weihnachtsfeiertagen auch eine große Herausforderung auf alle zu: eine festliche Weihnachtsfeier für alle Mitarbeiter auszurichten. Das hieß auch, Geschenke zu besorgen und diese hübsch einzupacken und zu beschriften. Weihnachtskekse wurden im Haus schon Wochen vorher gebacken und im Dachbodenkammerl aufbewahrt. Mysteriöserweise fand immer wieder die „Weihnachtsmaus" ihren Weg dorthin.

Und natürlich setzten wir alles daran, den Gästen ein schönes Fest zu bieten. Für das Weihnachtsmenü arbeitete das Team jedes Mal eine oder zwei Nächte durch, ebenso für das Silvestermenü. Die „Weihnachtsengel" wurden am Heiligen Abend mobilisiert und in ihre Gewänder gesteckt. Sie begleiteten den Weihnachtsmann alias Sepp Tockner. Notenblätter wurden verteilt, ein paar Lieder einstudiert und der Schlitten mit den Geschenken für die Kinder hergerichtet. Frau Elfie half beim Austeilen, damit jedes sein Geschenk bekam. Sepp Tockner ging mit der Weihrauchpfanne durchs Haus – so wie es früher war und noch heute ein schöner, alter Brauch ist. Christbäume standen in allen Speiseräumen und in der Halle.

Und unser Weihnachten mit den Kindern? Das feierten wir einen Tag zuvor, am 23. Dezember abends. Meistens kamen sie erst am Nachmittag aus den Schulen und den Internaten heim. Einmal feierten wir in der Tunhardhütte, einmal machten wir einen Weihnachtsspaziergang im Ort Turrach zur Wildbachhütte. So sah unser knapp bemessenes „Familienfenster" aus.

Wie das Amen im Gebet wurden in jedem Jahr unter den Gästen irgendwo Stimmen laut: „Ach, dieses Jahr war es gar nicht richtig festlich.“ Das zu hören war schmerzlich und frustrierend für uns, weil wir alle unser Bestes gegeben hatten. Im Laufe der Zeit kamen wir aber drauf, dass in dieser hochemotionalen Zeit derartige Reaktionen gar nichts mit unserem Hotel zu tun hatten, sondern in der Befindlichkeit der Gästefamilien mitsamt ihren mitgebrachten Problemen und Sorgen, in ihrem Uneinssein, lag.

Nun, die Feiertage zogen dahin, Silvester kam mit dem hohen Anspruch fröhlich zu sein „auf Biegen und Brechen“. Die Erfahrung zeigte: besondere Vorsicht war geboten, wenn Tiefdruckwetter angesagt war. Da kam es leicht zu Ausfälligkeiten und sogar zu Raufereien. Die Haustüre wurde schon vor Mitternacht geschlossen, denn es gab gelegentlich Unruhestifter, die sich einen Spaß daraus machten, an der Hotelbar oder auf der Tanzfläche unangenehm aufzufallen und zu provozieren.

Zwischen Neujahr und Dreikönigstag luden wir zum „Fetzenball“. Wer wollte, zog sich verrückt an und warf sich ins Getümmel.

Weil die meisten der Weihnachtsgäste mindestens zwei Wochen, wenn nicht drei Wochen blieben, waren wir eine Gemeinschaft, die auch gerne einmal auswärts, in einer der Hütten, ausgiebig feierte. Hans Leeb hatte dazu seinen Spruch: „Der Urlaub sollte nicht in Erholung ausarten!“

Nach dem Dreikönigstag war der große Wechsel und es reisten die Jännergäste an. Ebenfalls eine eingeschworene Gesellschaft von Damen und Herren, die sich jahrzehntelang zur selben Zeit im Hochschober trafen. Ganz besonders erinnere ich mich an die Damengruppe von Lotte Fischer, die regelmäßig kam. Im Jahr 1992, als es im Jänner fast keinen Schnee gab, waren Frau Fischer, Frau Haas und Frau Stolle am Grat des Kornocks zu Fuß unterwegs und wollten über den steilen Hang absteigen. Es kam zur Tragödie, denn zwei der Damen stürzten ab und verunglückten tödlich. Das glatte, gefrorene Gras wurde ihnen zum Verhängnis. Die Bestürzung und Trauer bei uns im Hochschober und unter den Gästen war enorm.

„Energieferien“ und Faschingszeit prägten den Februar und eine starke Auslastung unsere Arbeit. Für die Leute in der Reservierungsabteilung oftmals eine kniffligе Herausforderung, wenn es galt, den Wünschen gerecht zu werden, denn es allen recht zu machen ist eine Kunst, die niemand kann!

Immer wieder kam zu Ostern noch einmal der große Schnee, wenn im Tal der Frühjahrsregen fiel. 1976 war der Schneefall extrem ergiebig. Die Lifte wurden eingestellt, weil die Bügel an der Schneedecke schleiften. Flachdächer mussten von der Schneelast befreit werden. Durch die Erdgeschoßfenster kam kein Licht mehr herein, die Kinder sprangen vom ersten Stockwerk in den Schnee! Die abreisewilligen Gäste fanden ihre Autos nicht einmal mehr. Eine engagierte Herrenrunde unter den Gästen übernahm dann das Schneeschaufeln. Und der Bäcker Schintelmeister aus Turrach lieferte seine Ware gar mit dem Feuerwehrauto an.

Die Osterfeiertage mit ihren Vorbereitungen fielen uns bei Weitem leichter als Weihnachten. Das Team war längst gut eingespielt, alles ging besser von der Hand. Die Osterschinkentradition mit der festlichen Osterjause wurde und wird von den Gästen geschätzt. Es gab eine Zeit, da wurde der Osterschinken noch im Ganzen mit Brotteig umhüllt und bei einem Bäcker im großen Ofen stundenlang durchgebacken. Eine Stammgästerunde, angeführt von Wolfgang Meissner aus Hattingen, versuchte einige Male, den kostbaren Schinken entweder auf dem Weg zur Turracher Höhe oder im Haus zu „entführen". Es gelang ihnen nur ein einziges Mal. Auf jeden Fall hatten alle einen Riesenspaß und konnten ihre Erlebnisse in den späteren Erzählungen gehörig ausschmücken.

Je nachdem, wie früh oder spät Ostern fiel, eine Woche danach war die Wintersaison zu Ende. In allen Abteilungen war gründliches Reinigen angesagt. In der Küche wurde die Abzugshaube über dem Herd mitsamt den Filtern auseinandergenommen und im Kipper ausgekocht. Eine schmierige, schwere, langwierige Arbeit. Alle Backrohre mussten von dicken Krusten befreit, die Pfannen und Kasserollen gereinigt, alles von unten nach oben gekehrt, das ganze Silber auf Hochglanz gebracht werden.

Im Speisesaal wurden alle tapezierten Bankteile hochgehoben und gebürstet, die Vorhänge gesaugt und in Zeitungspapier eingeschlagen.

Auf der Etage ging es ebenfalls rund. Von außen betrachtet sah es nach heillosem Durcheinander aus, in Wahrheit steckte dahinter ein genaues System. Alle Damen und zusätzlichen Aushilfen hatten bestimmte Aufgaben. Traudi Kleinfercher, „Schwester Oberin" der Stubenmädchen, hatte das Sagen. Über dreißig Jahre bis zu ihrer Pensionierung war sie „Chef"-Zimmermädchen. Vorhänge absaugen, Möbel innen und außen reinigen, Betten komplett zerlegen, Lattenroste und Matratzen saugen, Tuchent und Pölster überprüfen, zu Federreinigung und Inlettwechsel nach Salzburg schicken. Beleuchtungskörper säubern, Bäder und Toiletten von A bis Z putzen, Duschköpfe in Essig legen, alle Filter der Lüftungen entstauben. Und, in einem eigenen Arbeitsgang, Teppiche shampoonieren. Das Deckenbeuteln am Balkon war zwei Damen zugedacht. Jeweils zwei Deckenzipfel locker in die Hände, locker ausschlagen, umdrehen wieder ausschlagen, zackzack, bis sich kein Stäubchen mehr zeigte, zusammenlegen, fertig!

In der Wäscherei türmten sich die Berge. Sortiert nach Wäscheprogramm wurde gewaschen, geschleudert, auf großen Tischen flach gelegt und durch die große Mangel gelassen. Mit besonderem Augenmerk wurde schadhafte Wäsche aussortiert und zur Weißnäherin, Mathilde Walcher, nach Turrach gebracht. Die Tischwäsche wurde von mir eigenhändig nochmals geprüft und gezählt. Nachkäufe wurden je nach Bedarf zweimal im Jahr getätigt. Von meiner Schwiegermutter hatte ich im zweiten Stock einen Riesen-Wandschrank übernommen, der mit neuer Reservewäsche bis oben hin aufgefüllt war.

Großen Wert wurde auf die Reparatur in den Gästezimmern gelegt. Mit einem Diktafon wurde Zimmer für Zimmer kontrolliert und zum Schluss jedem Handwerker (Maler, Tischler, Installateur, Fliesenleger, Elektriker etc.) eine lange Liste in die Hand gedrückt, die abzuarbeiten war.

Nach einem genauen System wurde also das ganze Haus, innen und außen, unter die Lupe genommen. Grundsätzlich passiert heute genau dasselbe, nur eben anders organisiert, weil der Hochschober ein Ganzjahresbetrieb geworden ist. Vieles und noch mehr musste damals in wenigen Tagen erledigt sein, und alle hatten den verständlichen Wunsch, nach der langen Zeit im Schnee ins Tal zu kommen und endlich den Frühling zu genießen.

Über Gäste und unsere Gastgeberrolle

Ich bin mir sicher, dass es zu unserer Zeit, von den 1960er-Jahren bis zur Jahrtausendwende, leichter als heute war, das Haus zu führen und die Hotelbetten optimal auszulasten. Natürlich unter der Voraussetzung, dass es „rundherum passte" und der Gast all das vorfand, was ihn zum Wiederkommen bewog. Nicht nur zufrieden, sondern begeistert mussten die Gäste sein. Nur so konnten daraus Stammgäste werden, die bis zu vierzig Jahre lang regelmäßig zu uns kamen und nach wie vor kommen. Die Gäste blieben mindestens eine Woche, für viele war ein Urlaub von drei bis vier Wochen ein fester Bestandteil des Jahres. Viele von ihnen kannten sich untereinander und trafen sich im Hochschober zu fixen Zeiten.

Es gab große Tische, an denen bis zu acht Personen Platz fanden, was auch für die Kommunikation förderlich war. Selten gab es Wünsche nach einem Einzel- oder Zweiertisch. Es wurde auch erheblich mehr gefeiert und bis in die frühen Morgen zusammengesessen. Da gab es noch die deftige Mitternachtsjause, die für die Nachtschwärmer angeboten wurde. Speck, Käse, Gulaschsuppe und dergleichen – Stärkung für einen erholsamen Schlaf!

Die geführten gemeinsamen Wanderungen zur Flattnitz, zum Eisenhut, zum Kilnprein waren für ein zwangsloses Kennenlernen hilfreich. Denn so eine Tagestour fordert auch und schweißt die Gruppe zusammen. Daraus ergibt sich eine Gemeinsamkeit, in der man sich als Gast gut aufgehoben fühlt. Denn andersherum – nirgendwo sonst kann man sich so einsam fühlen wie in einem großen Hotel.

Im Winter waren es die Schikursgruppen, die über das Schifahren hinaus bei den Einkehrschwüngen nach 16 Uhr ihre Hetz hatten. Gesellschaftsspiele zum Gaudium aller, Musik, Glühwein und Jagatee rundeten das Après-Ski ab. Für so manchen fiel das Abendessen wegen des „Bodennebels“ aus oder es ging der Abend nahtlos an der Hotelbar weiter …

Und heute? Eine Ausgelassenheit wie früher ist selten zu bemerken. Die Ansprüche der Hotelgäste sind teilweise bis in lichte Höhen gestiegen und fordern uns schon ordentlich. Und die Aufenthaltsdauer ist wesentlich kürzer geworden. Man spürt, so mancher kommt gar nicht richtig zur Ruhe. Wir leben in einer Zeit, in der das Atemholen schwierig geworden ist.

Vom Essen und Trinken

Meine Schwiegermutter erzählte mir, dass in ihrem Elternhaus, dem Gasthof Marktl in Gnesau, sehr gut gekocht wurde. Produkte aus der eigenen Landwirtschaft, Forellen aus den eigenen Teichen, Käse aus der Meierei Pibernig, ebenfalls zum Marktl gehörend. Die Sommerfrischler wurden mit Pferdekutschen aus Kirchheim, Bad St. Leonhard und Umgebung nach Gnesau herangefahren.

Im Gasthof Hochschober war es dieselbe gutbürgerliche Küche, mit der die Gäste verwöhnt wurden. Während des Krieges und danach war es für Hilde Leeb oft kein Leichtes, ihren Gästen etwas Vernünftiges anzubieten. Daher meinte sie dann auch: „Wenn alles da ist, ist es keine Kunst, etwas Gutes zu kochen!" So wurde stets entsprechend sorgfältig mit den Lebensmitteln umgegangen: genauestens eingeteilt, die Reste gut verwertet, gespart, wo es nur ging.

Anfang der Sechzigerjahre, als ich die Lehre begann, wurde ich in diesem Sinne angelernt. Es gab die so genannte Vollpension. Das Frühstück bestand aus Kaffee, Tee oder Kakao aus der Silberkanne, auf einem Silbertablett zwei Sternchen Butter, ein Schälchen Marmelade, Würfelzucker, zwei Stück Schwarzbrot, eine Semmel oder ein Kipferl. Schinken, Käse oder Wurst sowie weiche Eier wurden extra serviert und verrechnet.

Das Mittagsmenü bestand aus Suppe, Hauptgericht (Gebratenem, Gegrilltem oder Ragout), Beilage sowie Salat und als Nachtisch Kuchen. Abends gab es entweder Suppe oder eine Vorspeise, Fleischgerichte oder Fisch oder eine kalte Platte, als Dessert Käse, Kompott oder Kuchen.

Das „Menüvorbestellen" am Vortag gab es damals schon. Auf kleinen Zetteln wurden die Auswahl und auch Extrawünsche notiert. Es war durchaus üblich, daneben ein „s" zu schreiben, was so viel hieß wie „stark – größere Portionen", zwei „s" – sehr große Portionen, drei „s", und so weiter.

Als Getränke zu den Mahlzeiten servierte man zumeist Bier, Apfelsaft, „Schiwasser", Mineralwasser, Wein aus dem Doppelliter im Römer oder in der Karaffe. Flaschenwein wurde eher selten zu den Mahlzeiten getrunken, zu ganz besonderen Anlässen.

Für Tagesgäste wurde selbstverständlich à la carte gekocht. Das musste alles neben oder nach den Pensionsmenüs gehen. An den Wochenenden gab es zahlreiche Ausflügler und zu den Feiertagen, speziell abends, Gäste von den umliegenden Hütten. Auch Busse standen oft vor der Tür – angemeldet oder nicht. Stress und Hektik waren vorprogrammiert. An manchen Tagen warteten wir vergeblich, an anderen wurden wir total überrannt und es hagelte Beschwerden, wenn Gäste bis zu zwei Stunden warten mussten.

Über einen längeren Zeitraum hatten wir ein ansprechendes À-la-carte-Angebot, auf der Speisekarte wurden die Gerichte auf Fotos gezeigt. Die Idee hatten wir aus der Schweiz mitgebracht. Es war eine Karte mit klassisch österreichischen Gerichten, die einfach drauf sein mussten. Zwei davon waren die Favoriten: die Hochschoberplatte und das Pfeffersteak! Die Hochschoberplatte war weithin bekannt: eine ovale Nirosta-Platte mit einem Berg Pommes frites in der Mitte, rundherum je ein gegrilltes Stück Rindsfilet oder Schweinefilet arrangiert, ein Wiener Schnitzel, ein Grillwürstel, Gemüse, Kräuterbutter und Garnierung. Damit konnte sich locker eine ganze Familie satt essen!

Auch das Pfeffersteak war, wie gesagt, ein ausgesprochener Hit. Ein zartes Rindsfiletstück gegrillt, mit einer feinen Sauce, verfeinert mit Weinbrand, frischem Pfeffer und geschlagenem Obers. Dazu Bohnenbündel und knusprige Pommes frites. Karl Gruber machte das unvergleichlich gut.

Wenn das Haus sehr voll war, kam es manchmal vor, dass abends das eine oder andere Gericht nicht zeitgerecht fertig wurde. Nervosität kam auf. Frau Else war aus dem Häuschen, Hilde Leeb grantig. Und die ganze Gästeschar staute sich vor der noch geschlossenen Speisesaaltüre. Denn zu den Mahlzeiten kamen sie auf die Minute genau pünktlich.

An ein Silvesterbuffet Anfang der Sechzigerjahre kann ich mich gut erinnern: Es wurden auf silbernen Platten Roastbeef, kaltes Huhn, Lachsersatz aus der Dose, gefüllte Eier, französischer Salat und Heringsalat auf einem weiß gedeckten Tisch angeboten. Jede Portion mit einem Preisschildchen versehen! Durch und durch klassisch, wie es in den Berufs- und Hotelfachschulen gelehrt wurde.

Erst Ende der Sechziger-, Anfang der Siebzigerjahre kamen revolutionäre Neuerungen. Zunächst das Salatbuffet, dann das Frühstücksbuffet. In Kollegenkreisen wurde heftig darauf reagiert. Ob man sich das überhaupt leisten konnte! „Die Gäste essen uns ja arm!", hieß es. Beim Salatbuffet waren am Anfang Dosensalate die Renner. Diese kannten die Leute und sie schmeckten ihnen. Erst nach und nach wurden Blattsalate und verschiedene Gemüsevariationen gerne genommen.

Das Frühstückbuffet fing wirklich bescheiden an, wurde aber auf unseren Qualitätsanspruch hin laufend verbessert. Und das fand bei den Gästen Riesenbeifall. Wir kamen mit dem Nachrüsten kaum nach! Gleich zu Beginn machten wir das so genannte Birchermüsli nach einem Rezept von Peters Mutter Erna zum „Hochschober-Müsli". Immer frisch zubereitet und mit den besten Zutaten – ein energiespendender Genuss.

In den À-la-carte-Restaurants hielt die Nouvelle Cuisine Einzug. Besonders wenig auf dem Teller, dafür eine hohe Rechnung! Auch wir versuchten, den Hausgästen das eine oder andere Gericht nach der neuen Fasson anzubieten, kamen damit aber nicht gut an und ließen die Idee schnell wieder fallen. Auch mit Rohkost und „Körndln“ im Rahmen der Menüs konnten wir unsere Stammgäste nicht wirklich überzeugen und schon gar nicht begeistern.

Klar ist, dass jeder Küchenchef der Küche, der er vorsteht, seinen eigenen Stempel aufdrückt. Karl Gruber, der im Hochschober seine Kochlehre abgeschlossen hatte, kam nach einigen Jahren wieder zu uns und blieb fünfundzwanzig Jahre lang. Vorbildlich waren seine sorgfältige Arbeitsweise im Umgang mit den Produkten und sein feiner Geschmack – vor allem bei den Saucen war er unnachahmlich. Karl Gruber hat den guten Ruf des Hochschobers durch seine Leistungen und seinen Einsatz deutlich mitbeeinflusst. Immer gleichbleibend in der Qualität, immer bemüht, es noch besser zu machen. Unter unseren Stammgästen hatte er eine große Fangemeinde.

Was ziehe ich heute an?

In den Anfängen meiner Zeit als Frau des Hauses fand ich heraus, dass ein Dirndl, eine Tracht als Arbeitskleidung recht praktisch ist. Ein Leibkittel, eine frische weiße Bluse, genug Schürzen zum Wechseln – fertig. Unter der Woche aus Baumwolle oder Leinen, an den Sonn-und Feiertagen aus Wollstoff, Seide mit gesticktem Miederteil, mit Samt und Spitzen, oder ein Schnürleibl. So war ich stets passend angezogen, ohne mir zu viele Gedanken machen zu müssen. Und weil es quer durch unser Land so viele verschiedene schöne Trachten gibt, hatte ich im Laufe der Jahre eine stattliche Sammlung, für jeden Tag im Monat ein Dirndl, beisammen. Alle maßgeschneidert von der Trachtenschneiderei Rainer in Maria Pfarr im Lungau. Ich schätzte immer schon ausschließlich die echten Trachten, sie müssen gut sitzen, aus hochwertigem Material sein, ohne Schnickschnack. So wird die Trägerin zu einem Hingucker.

Zum Thema „Was ziehe ich heute an?“ machte sich mein Peter auch kein Kopfzerbrechen. Am liebsten trägt er – heute noch –V-Pullover in möglichst frischen Farben, denn, so seine augenzwinkernde Ansicht, grau sei er selber. Vor allem gelbe Pullover mag er. Ein Stammgast verriet mir, dass seine Familie im Auto auf den Weg zur Turracher Höhe Wetten (um eine Tafel Schokolade) abschlossen, ob denn Peter Leeb wieder seinen gelben V-Pullover trägt!

Zum Cocktail am Montag, zur Gäste-Ehrung am Freitag und zum Festmenü legte ich ihm Hemd, Krawatte und Sakko zurecht. Unter Murren fügte er sich.

Peter hat überhaupt eine tiefe und innige Beziehung zu alten, bewährten und erprobten Kleidungsstücken und Schuhen. Es gab (und gibt) eine halblange beige Jacke, die war so praktisch, dass sie sogar beim Kettenauflegen am Auto Verwendung fand. Tags darauf trug er sie wieder bei einem Begräbnis oder auf dem Weg zur Aufsichtsratsitzung. Obwohl er das gute Stück mit Zähnen und Klauen verteidigte, musste eine neue her. Aber die war längst nicht so bequem und hatte allen Tadel.

Sternstunden: Kurioses und Nicht-Alltägliches

Fondue für alle!

Um die Urlaubswochen unserer Stammgäste mit neuen Ideen und Aktivitäten anzureichern, kamen wir auf manche ausgefallenen, ja, verrückten Ideen. Es sollte Fondue für alle Gäste geben. Dies bedeutete natürlich, von Töpfen, Tellern, Gabeln, Spiritusbrennern ausreichend bereitzuhalten. Die Vorbereitungen der verschiedensten Saucen und Zutaten waren für das Küchenteam kein Problem. Woran ich aber heute noch mit Schaudern denke: die kochend heißen Öltöpfe wurden von der Küche zum Tisch und wieder zurück von den Servierlehrlingen getragen. Nicht auszudenken, wenn sich da jemand verbrannt hätte! Da haben wohl viele Schutzengel mitgeholfen. Der Geruch von heißem Fett und Pommes frites hing noch tagelang in den Räumen.

Nicht ganz so gefährlich wie beim Fondueabend ging es beim Romantikabend zu, bei dem im Erdgeschoß, außer in der Küche, der Strom ausgeschaltet wurde. Es brannten nur Kerzen und Petroleumlampenlichter – romantisch eben. Als Hauptgericht gab es für jede Familie, oder für einen großen Tisch, je eine große Gusseisen-Holzhackerpfanne mit Tiroler Gröstl, Gegrilltem und Gemüse. Der Vorläufer des heutigen „Reindls" auf der Almzeit. Es schmeckte allen ganz toll. Der Kerzenschein aber war derart bescheiden, dass die Gäste miteinander rätselten, was denn da alles in der Pfanne sei. Für die meisten der Gäste war es ein Riesenspaß, für einige – Romantik hin oder her – einfach zu dunkel. Nach einigen solchen Abenden wurde auch diese Aktivität wieder aus dem Programm genommen.

Nachtpicknick im Schnee

Richtung Grünsee, auf einer windgeschützten, malerischen Wiese, umgeben von Zirben, gab es die Nachtpicknick-Premiere. Die Vorbereitungen waren äußerst aufwendig. Der Schnee wurde mit dem Loipengerät festgefahren, rundherum kreisförmig aufgehäuft und ein großer Holzstoß im Zentrum aufgebaut. Die Schneebar und der Platz für die Thermostöpfe mussten zurechtgeschaufelt, Bierbänke sternförmig rund ums Lagerfeuer aufgestellt werden. Als äußerster Kreis wurden an die einhundert Fackeln in den Schnee gesteckt. Als die

Gästeschar mit Musikbegleitung geschlossen vor der Schnapsmaut eintraf, brannten alle Fackeln, das Lagerfeuer loderte, alle Heißgetränke und die dampfenden Thermoskessel mit dem Rindfleischeintopf standen bereit. Die Überraschung war gelungen. Innerhalb des Lichterkreises war eine Stimmung aus Mystik, Zusammengehörigkeit und ganz viel Fröhlichkeit.

Der etwas andere Glühwein

Nach einem Gespräch mit Anni Trattler, aufgezeichnet von Reinhard Schober, unserem Hauschronisten:

Es ist schon kalt in diesem Jahr. Wanderer des Hotels Hochschober freuen sich, in der hoteleigenen Vastl-Hütte eine kleine Stärkung zu erhalten. Der Hüttenwirt ist krank. Sepp Tockner übernimmt die Vorbereitung und betreut die Gäste. Zuerst stellt er den Glühwein her. Was kommt da rein? Wo sind die Sachen? Alles klar! Wohl versehentlich nimmt er statt Wein den hochprozentigen Preiselbeerschnaps, den so genannten Vastlschnaps. Der gekochte und von ihm abgeschmeckte „Glühwein“ wird ausgeschenkt. Den von der Tour erschöpften Wanderern fällt nur auf, dass es ein außerordentlich guter Glühwein ist! Ein Glas folgt auf das andere. Raketenartig steigt die Stimmung. Die Wanderer singen wie noch nie in ihrem Leben. Bis sie zu schwächeln anfangen. Der Sänger-Mund verliert an Koordination. Wer sich nicht in eine ruhige Ecke zurückgezogen hat, führt sentimentale Gespräche. Schnapsbedingt hat sich die Frage nach der Rückwanderung erledigt – im Hotel startet eine größere Anzahl von Autos in Richtung Vastl-Hütte …

Zum Rodeln auf die Rosatin

Des Öfteren boten wir unseren nicht schifahrenden Gästen eine Rodelfahrt von der Rosatin an. Der Straßenverlauf ist für diesen beliebten Sport geradezu ideal: fünf Kilometer lang, kurvig, „gführig“. Es hatte sich wieder eine Reihe von Gästen dazu angemeldet. Der Taxibus wurde aus Reichenau bestellt, die Rodel mit eingeladen. In die Mittelreihe wurden – weil es zu wenig Sitze gab – noch ein paar Gartensessel (!) gestellt. Ziemlich unstabil und wackelig. Ich fuhr mit drei weiteren Gästen in meinem Auto hinterher.

Kurz vor dem Ziel auf der Rosatin gibt es eine steile Passage. Dort blieb der Bus stecken, der Fahrer wollte Schneeketten montieren. Seine Fahrgäste blieben währenddessen im Bus sitzen. Auf einmal geriet das

Fahrzeug ins Rutschen, immer näher zum Abgrund, die hintere Klapptüre ging auf, die Leute auf den Gartenstühlen purzelten heraus. Das muss man sich einmal vorstellen! Drei Personen hatten sich bei dem Vorfall verletzt, und ich fuhr mit ihnen rasch nach Tamsweg ins Unfallkrankenhaus. Nach eingehender Untersuchung, Röntgen und mit Pflastern hier und Kopfverband dort fuhren wir wieder zurück zum Hochschober. Da wussten natürlich schon alle von unserem Erlebnis – die Aufregung war groß. Und doch mussten wir alle heilfroh sein, dass es noch so glimpflich ausgegangen war.

Die Unwetter-Tour zum Eisenhut

Eine Tagestour zum Eisenhut war ausgeschrieben und ich wollte die Gruppe bestehend aus Erwachsenen und Kindern zum Gipfel führen. Das Wetter sah gut aus, bis sich im Norden eine Gewitterwand aufbaute. Wir waren schon im oberen Drittel des Eisenhutes. Doch da kamen uns Leute von oben entgegengelaufen und empfahlen uns, schnell umzukehren. Das taten wir, aber das Unwetter holte uns dennoch ein. Es war ein einziger Albtraum: rundherum zischte und knallte es ohrenbetäubend, die Luft war elektrisch aufgeladen. Auf der weiten Strecke zurück zur Baumgrenze gab es keinen einzigen Unterstand – gar nichts. Ich konnte die Angst der Leute spüren, die mit mir unterwegs waren. Ich fürchtete mich genauso. Das Gewitter drehte sich im Kessel von Eisenhut, Lattersteig und Hoazhöhe und wollte sich nicht und nicht verziehen. Dabei goss es in Strömen. Auch an der Baumgrenze unter den alten Zirben wurde es um keinen Deut besser. Gute drei Stunden später kamen wir alle zwar wohlbehalten, aber total durchnässt, erschöpft und geschockt daheim an. Dieses Bergerlebnis steckte mir noch lange in den Knochen.

Das Sonnwendfeuer

Vor einigen Jahren hatten Sepp Tockner und ich die Idee, auf halbem Weg zum Schoberriegel ein Sonnwendfeuer anzuzünden: Genau dort stand dereinst ein alter „Heischupfn" (Heuschuppen), von dem nur noch ein paar Balken übrig waren und der dem Hochsinnerbauern gehörte. Er erlaubte uns, von dem alten Holz etwas für unser Feuer zu nehmen.

Sepp Tockner und Alex Tof bereiteten am Abend alles vor und ich kam mit einer Gästegruppe samt Blasmusik dazu. Ein wunderbarer, lauer

Frühsommerabend – ein glitzernder Sternenhimmel, der Blick frei bis weit in den Süden, einfach zauberhaft. Das uralte, schwere Holz wollte anfangs so gar nicht brennen und gloste nur vor sich hin. Bis es dann plötzlich durch den Wind angefacht wurde. Alles ging ganz schnell – die Flammen schlugen hoch, die Hitze war enorm. Die Flechten, Wacholderbüsche und niedrigen Sträucher rundherum fingen zu brennen an. Es sah aus, als würde das Sonnwendfeuer demnächst außer Kontrolle geraten. Sepp und Alex, die zwei erfahrenen Turracher Feuerwehrmänner, hatten ordentlich zu tun, um das Feuer niederzuhalten. Die Gäste nahmen die „brenzlige" Situation Gott sei Dank nur teilweise als solche wahr, verabschiedeten sich nach und nach und marschierten wieder zurück ins Hotel. Sepp Tockner aber saß die ganze Nacht als Wächter neben den noch verbleibenden Gluthaufen und wartete auf den neuen Tag.

Die Mountainbike-Sage

Nach einem Gespräch mit Sepp Tockner, aufgezeichnet von Reinhard Schober:

„Für geübte Fahrer" – so lautete die Ausschreibung für eine auf zweieinhalb Stunden angesetzte Mountainbike-Tour. Vor Schreck meldeten sich nur drei Männer. Sepp Tockner, der vierte im Bunde, würde die Tour leiten. Und am Abend würde ein Empfang mit Gäste-Ehrungen für „runde Wiederholungen" stattfinden sowie ein festliches Galadiner. Mit Musik und allem Drum und Dran. Das heißt: rechtzeitig wieder zurück sein – eine richtig schöne Belohnung nach der Tour.

Treffpunkt ist vor dem Hotel. Zwei Biker zwischen 45 und 50 Jahren scheinen eine gute Kondition zu haben. Sorge macht Sepp Tockner der dritte, ein Holländer, 65 Jahre alt, weißes Haar. Eine schwierige Tour wird das schon werden … Man wird sich wohl ständig um den Schwachen kümmern müssen, wie es sich eben gehört … Wer weiß, was unterwegs passiert, wie schon einmal. Die anderen beiden Sportler haben nach einem kurzen, prüfenden Blick fast die Lust verloren.

Der erste Teil der Strecke verläuft mehr oder weniger flach. Der Holländer kommt gut mit. Man sieht, er kann Rad fahren. Die Gruppe erreicht den malerisch gelegenen Bergbauernhof Hochsinner und macht eine kurze Pause. Um Fehleinschätzungen vorzubeugen, stimmt Sepp Tockner darauf ein, dass der einfache Teil, der nur dem Aufwärmen gedient habe, vorbei sei. Jetzt komme der vier Kilometer lange, steile Anstieg zum Hochkaser. Es gehe ab sofort zur Sache:

„Langsam anfahren“, prägt er den Teilnehmern ein und wiederholt das zwei Mal dem Holländer zugewandt. Doch der, ein ruhiger Typ, nimmt das ausdruckslos zur Kenntnis, so als hätte der Tourenführer gesagt: „Das Wetter ist schön.“ Treffpunkt ist dann wieder oben, auf dem Hochkaser, bei einer nicht bewirtschafteten Sennhütte.

Auf dem ersten Kilometer arbeiten sich die vier noch nebeneinander nach oben, bis die Almwiesenlandschaft in den Blick gerät und man den Speikkofel sieht. Der Berg geht in die Beine. Hoffentlich hält das Sorgenkind weiter durch. Es sieht so aus. Und hoffentlich bleibt er vernünftig, wenn Kraft und Kreislauf ihn verlassen. Manche drehen durch. Die Sonne prallt auf die Köpfe. Was ist los? Der Holländer tritt an, als ob es um den Endspurt ginge. Ist er verwirrt? Die drei rufen ihn zurück. Sepp Tockner ruft noch hinterher. „Laaaaangsam anfahren – laaaaangsam.“ Der Weißhaarige aber rast bergauf. Die Zurückgebliebenen kommen zu der Meinung: „Der wird eh bald stehen bleiben.“

Vorerst haben sie selber genug zu tun. Als sie um eine Kurve biegen, ist vom Holländer nichts mehr zu sehen. Sie verdrängen den Gedanken, dass er den Abhang hinuntergestürzt sein könnte. Nassgeschwitzt kommt endlich die Sennhütte ins Blickfeld. Da sitzt doch einer ... Das „Sorgenkind“ erhebt sich frisch von der Bank, winkt und marschiert zum Weg, um die Nachzügler in Empfang zu nehmen. Nur kurz müssen sich die drei deklassiert vorkommen. Der Holländer klärt sie auf, dass er einmal Teilnehmer der Tour de France war und nach wie vor viel Rad fahre. Die anderen sind erleichtert. Ab da ist die Gruppe eine Gruppe.

Auf dem Weg zum nächsten Zwischenziel, der Sam-Hütte, wird zusammen gefahren. Das gemeinsame Tempo ist erhöht. Die ausgiebige Rast in der Hütte hat man sich verdient. Es wird gemütlich. Da man sich so gut versteht, kommt jeder im Laufe des Zuprostens auf vier Bier und ein paar Obstler. Die angesetzten „2,5 Stunden für geübte Fahrer“ sind längst vorbei, als das Quartett zum nächsten und letzten Zwischenziel aufbricht. Galadiner und Ehefrauen, die sich darauf freuen, sind weit weg.

Die mittlerweile herabgesetzte Kondition hält an bis zur Karl-Hütte. Hier wird es noch gemütlicher. Hermann, der Karl-Bauer, setzt sich dazu. Immer lustiger wird es. Die Gespräche handeln von Beruf, Familie, Gott und der Welt. Die neue Männerfreundschaft wird erneut mit Bier und Obstlern besiegelt. Vier weitere Gläser und Stamperl pro Biker gehen ordentlich rein.

Irgendwann erinnert man sich doch an die geplante Abendgestaltung und dass man vielleicht aufbrechen solle. Hatten sie nicht ihren Frauen versprochen, rechtzeitig zum festlichen Höhepunkt der Tage zurück zu sein? Hatten sie sich nicht gemeinsam auf den Abend gefreut? Um diesen Fragen auf den Grund zu gehen, bedarf es genauer Überlegungen. Erschwert durch die mittlerweile deutliche Verlangsamung des Denkens. Gegen das Aufbrechen spricht die Tatsache, dass es das Ende des Zusammenseins bedeuten würde. Die Diskussion ergibt weiter, dass Ärger wegen der Verspätung sowieso zu erwarten sei. Und dass sich die Ärger-Intensität unter den Faktoren „zu spät" und „viel zu spät" nicht wesentlich unterscheidet. Es kommt also zu dem Beschluss, noch zu bleiben.

Irgendwann dämmert es den drei Pedalrittern dann doch – es ist mittlerweile „viel, viel zu spät". Ab in die Pedale und schnellstens zurück ins Hotel! Schon bei der ersten leichten Steigung oberhalb des Grünsees geht nichts mehr. Die drei müssen schieben. Nur bergab ganz laaaangsam, das geht.

Als sie bei der Pension Elisabeth um die Ecke biegen, ist das etwas tiefer gelegene Hotel Hochschober nur noch zweihundert Meter entfernt. Hier wird angehalten, um das weitere Vorgehen zu besprechen. Ergebnis ist ein Zwei-Punkte-Plan. Punkt 1: In anständiger Haltung und gutem Stil fahren wir vor dem Hotel vor. Punkt 2: Ein gemeinsamer Abschluss muss stattfinden. Das mit dem Abendessen wird man sehen. Die Griffe fest umklammernd wird Punkt 1 in Angriff genommen. Einwandfrei gelingt die Abfahrt Richtung Hoteleingang. Die Fahrer bleiben dicht zusammen wie bei einem Formationsflug, als wäre nie etwas gewesen. Selbst bescheidener Stolz, der sich in die staubige Mimik drängen will, wird unterdrückt. Aber man hält schon mal Ausschau. Eine gefährliche Kurve beim Einbiegen auf den Vorplatz nähert sich. Sie gelingt. Niemand fällt aus dem Sattel, geübte Fahrer eben. Punkt 1 ist erfüllt. Nur hat das keiner gesehen. Im Foyer ist der Empfang bereits in vollem Gange, wie durch die Glastür erkennbar ist.

Mensch und Rad müssen gereinigt werden. Vor der Hoteltür ergreifen die Biker die angebotenen Mittel – Wasserschlauch mit einstellbaren Düsen, Kratzer, verschiedene Bürsten. Einer ruft: „Stopp!" Punkt 2 ist noch nicht geklärt. Wo soll der Abschluss stattfinden? Wieder muss in Ruhe nachgedacht und besprochen werden. Ein Kellner möge zur Verbesserung der Konzentration vier Krügel Bier zum Reinigungsplatz bringen. Zwei Alternativen sind zu diskutieren. Eine andere Wirtschaft aufsuchen und so bleiben, wie man ist – oder fertig reinigen, hineingehen, duschen, schick anziehen und das ganze Gedöns. Immerhin hat eine der Ehefrauen Geburtstag.

Da kommt den Sportsmännern eine glorreiche Idee: Wir fahren mit den Rädern durch den Gästeempfang hindurch direkt an die Hotelbar. So wie wir sind mit allem Dreck und Schwitz. In anständiger Haltung und gutem Stil. Der Kellner, der das Bier bringen wollte, muss die Tür aufhalten. Die Biker haben viel Fußgängerverkehr zu beachten und wieder eine Kurve. Verwundert treten die Gäste zur Seite und halten ihre Sektgläser fest. Die Räder werden vor der Hotelbar geparkt, die Abschlussfeier kann also beginnen. Der Empfang ist beinahe zu Ende, ein langer Strom von Menschen in Abendkleidern, hellen Sommeranzügen und weißen Dinnerjackets zieht an den wilden Kerlen vorbei. Darunter ihre Ehefrauen, die teils wütende, teils versteinerte Mienen tragen. Ihre Worte bleiben unverständlich bei dem Stimmengewirr, wahrscheinlich verkünden sie ohnehin etwas Unangenehmes.

Wohlwollende Blicke dagegen kommen von den galafein herausgeputzten Männern. Sie verzögern ihre Schritte, machen zustimmende Bemerkungen, winken verstohlen. Männliche Ursehnsüchte kommen auf … fehlt nur noch das Lagerfeuer. Mutige Männer sind das, die sich um nichts scheren, wenn nicht gar Rebellen! So wie sie aussehen, müssen sie eine große Herausforderung hinter sich haben. Wie gerne wären die anderen in ihrer Runde. Da zupft es am Ärmel, aus der Traum.

Am nächsten Morgen treffen sich die Helden des Vortags zu einer Nach-Abschlussfeier. Ihr Resümee: Das war ein super Tag. Und die Moral von der Geschicht: Richtige Männer braucht die Welt.

Hochschober-Hausball

Über einige Jahre hinweg veranstalteten wir zum Saisonschluss im Herbst den Hochschober-Hausball. Ein Tag mit Übernachtung wurde dafür noch angehängt. Die Vorbereitungen nahmen einiges an Zeit in Anspruch, denn die Liste der geladenen Gäste war wirklich lang! Dazu gehörten die Bewohner der Turracher Höhe, jene aus Turrach und der Reichenau, alle Firmen, Handwerker, Zulieferer, alle, die übers Jahr geschäftlich mit dem Haus zu tun hatten sowie die Eltern und Familien der Mitarbeiter. Jedes Mal kamen an die 200 bis 250 Gäste, um einen Abend in schönem Rahmen mit Musik, Tanz und gutem Essen in Geselligkeit zu verbringen. Einzig das Wetter blieb immer eine Zitterpartie, denn Neuschnee auf der Turracher Straße hätte einen Strich durch die Rechnung gemacht.

Briefbombenalarm zu Advent

Es ist schon länger her, da machten wir für den Advent eine Aussendung für unsere Gäste mit einem besonderen Clou: kleine Filzbäumchen mit einem Spruchpapier, exakt zusammengefaltet und mit einem Golddraht umwickelt. Das sah süß aus, war aber auch eine Heidenarbeit.

Kurz nach der Aussendung kam aus dem Büro des bayerischen Ministerpräsidenten Dr. Edmund Stoiber ein Anruf. Wegen des Briefes an Familie Stoiber hatte es Bombenalarm gegeben. Der Beamte des Büros forderte uns eindringlich auf, solche Briefe in Zukunft nicht mehr zu versenden.

Ratatata – krrrch – rums

Nach einem Gespräch mit Annemarie Funke, aufgezeichnet von Reinhard Schober:

Wie kommt es, dass alles, was früher war, menschlicher, lebendiger, ausdrucksvoller war? Dass sentimentale Stimmung aufkommt, wenn uns klar wird, was wir verloren haben? Annemarie Funkes Beschreibung ihrer alten Buchungsmaschine aus der Vor-Computerzeit wirft die Frage auf, ob wir nicht innehalten sollten mit der Modernisierung. Da war erst mal das Erscheinungsbild: riesig, vielgestaltig, solides Eisen, farbig, Tasten wie Hebel. Auf jede Eingabe antwortete die Maschine mit einem kleinen „dog". Damit meinte sie „verstanden". So ging es den ganzen Tag, mal schneller, mal langsamer. Dog, dog, dog, oder dog – dog – dog. Wenn man sie darum bat, konnte sie Luftschlangen herstellen, breiter als die normalen, mit lustigen Löchern drin und zum Abreißen auf einer Rolle. „Lochstreifen" nannte man die Papierbänder. Die Maschine war in der Lage, durch einfaches Hineinstanzen von Löchern buchhalterische Vorgänge festzuhalten. Größere Mengen zum Lochen schickte Annemarie Funke dann gar zum EDV-Zentrum nach Wien! Das war schon etwas. Wenn Gäste abreisten, mussten die vielen Einzelrechnungen addiert werden. Die Vorsalden waren schon eingegeben. Anders als der kühle Computer, lief die Buchhaltungsmaschine richtig heiß. Ihr Temperament brach durch: „Ratatatata." Anhand der Summe war festzustellen, dass alles stimmt. Das endete mit einem „Krrrchkrrrchkrrrch". Aber das besagt noch nichts. Eine Zehntelsekunde Pause. „Rums!", dann Stille. Alles stand auf „000000".

Sommer- und Winter-Picknick

Geradezu legendär waren unsere Picknicks auf dem Kornock, am Schwarzsee oder auf der Liegewiese am See. Im Sommer wurde Jause nach Kärntner Art auf großen Bretteln angeboten, dazu Bier, Schnaps, Alkoholfreies, so viel jeder wollte und konnte. Oder vielerlei Gegrilltes vom Rost mit Salaten, Gebäck, Obst, Kuchen – die Palette wurde ständig ergänzt. Im Winter fanden die Picknicks dort statt, wo Schifahrer, Langläufer und Spaziergänger sich auf einem der Höhenplätze trafen. Mit Holzlatten und Matten zum Draufsetzen, Glühwein und einem Erbsen-, Linsen- oder Rindfleischeintopf. Wilfried vom Badwirt oder die Heuboaser aus Stadl spielten auf.

Da konnte es schon passieren, dass das Wetter für zusätzliche Spannung sorgte: Unwetter mit Blitz, Donner und Hagel oder Schneestürme – alles war möglich hoch oben am Berg. Die Gäste suchten das Weite, die nassen Köstlichkeiten wurden überstürzt wieder eingepackt und zurück ins Hotel transportiert. Aber als die ersten wieder in der Hotelhalle eintrafen, war bereits der offene Kamin eingeheizt, ein Kessel Glühwein oder Tee stand bereit und ein neues Buffet war aufgebaut. Die „Dramaturgie" war immer so tadellos, dass die Teilnehmer noch jahrelang danach begeistert davon erzählten.

Wolf auf dem Schoberriegel gesichtet!

Nach einem Gespräch mit Herbert Krapesch, aufgezeichnet von Reinhard Schober:

Seit vielen Jahren meldet sich bei Wanderführer Herbert Krapesch eine Dame für eine Einzeltour an. Der Zeitpunkt ist immer Ostern. Sie hat schon bei ihm Schifahren gelernt – inzwischen ist sie 55. Um die Osterzeit liegt auf der Turrach noch Schnee. Herbert hat sich dieses Mal eine Schitour mit Fellen auf den Schoberriegel ausgedacht.

Um sechs Uhr früh gehen sie los. Im Rucksack hat Herbert eine Kärntner Osterjause. Die Schneeverhältnisse sind gut. Es ist ihr erster Aufstieg mit Schiern auf einen Berg. Sie hält sich tapfer, aber dass sie sich anstrengen muss, ist nicht zu übersehen. Etwas anderes macht aber Herbert Sorgen: leichter Nebel umzieht den Schoberriegel. Das Gespräch kommt auf Zeitungsberichte in der letzten Woche. In ihnen ist von Wölfen die Rede, die von Osteuropa hier in Österreich eingefallen sind. Aufgrund der Meldungen kann nach Ansicht der Begleiterin nicht ausgeschlossen werden, dass sie schon die Turrach erreicht haben. Auf keinen Fall möchte sie ihnen auf dem Schoberriegel begegnen. Was soll Herbert anders tun als ihr die Angst zu nehmen? Er spricht von Sensationsmacherei und von der Unwahrscheinlichkeit, dass Wölfe ausgerechnet auf dem Schoberriegel erscheinen. Was sollen sie dort auch? Die Jause aus dem Rucksack stibitzen? Im Übrigen gebe es Vorurteile. So angriffslustig, wie in den russischen Geschichten, seien sie gar nicht. Dass Herbert versucht, ihre Befürchtungen zu zerstreuen, freut sie, beruhigt sie aber nicht. Tatsache bleibt, es stand in der Zeitung.

Im Verlauf des weiteren Anstiegs versuchen beide, das Thema zu meiden. Der sich verdichtende Nebel reicht schon zur Besorgnis. Geschafft. Sie haben den Gipfel erreicht. Die Aussicht ist – Grau in Grau. Dafür packt Herbert seine Überraschung aus: die Kärntner Osterjause. Dazu gehören ein Reindling (ein typischer Hefeteigkuchen mit Rosinen und Zimt), ein geselchter Osterschinken, Brot, Butter und Kaffee. Als das Gipfelmahl sich dem Ende zuneigt, verschwindet Herbert einmal länger als für etwas Naheliegendes. Er will sehen, wo bei dem Wetter eine gute Abfahrt möglich ist. Sie, ganz alleine, hat kein gutes Gefühl. Jetzt nur keine Nebelphantasien zulassen. Deshalb nimmt sie es halbwegs gelassen, als sich irgendetwas zu bewegen scheint, auch als sie ein Hecheln zu hören meint. Aber, da ist doch etwas! Deutlicher werdende Umrisse eines Tieres kommen auf sie zu. Ein Wolf?? Ein Hund? Ein Wolf käme mit einem Rudel, wenn es nicht ein vorausschnürender Leitwolf ist. Und streunende Hunde gibt eher in den Städten und Dörfern. Vollkommen erstarrt sitzt sie, kann nirgendwohin flüchten. Mit einem Mal steht er vor ihr. Ein Woooolf!! Sie wird zu einem einzigen langen Schrei. Herbert prescht heran, um ihr zu Hilfe zu eilen. Aber es ist noch jemand zur Stelle. Aus dem Nebel taucht ein Mann auf: Peter Leeb, auf seiner Morgenwanderung zum Schoberriegel. Begleitet von seinem Husky namens Nugget.

Ein starkes Team

**Wir müssen das Beste anstreben,
damit etwas halbwegs Gutes herauskommt.**

Viktor Frankl im Gespräch mit Reinhold Messner in der Serie „Land der Berge" von Lutz Maurer, ORF 1990.

Neben der eigentlichen Tagesarbeit gab es für uns fixe, ganz speziell reservierte Zeiten. Wir nannten diese Termine mit uns selber sinnigerweise „Denken", wenn wir uns, also Peter und ich, zusammensetzten, um Wichtiges auszutauschen, um Fragen abzuklären, was auch immer. Wir versuchten stets auf dem aktuellen, gleichen Wissensstand der Tagesthemen zu sein. Das war uns wichtig. Peters schnelle Denkweise, sein über den Tellerrand Hinausschauen, musste ich erst lernen. Seine Visionen, sein Weitblick, die Zusammenhänge zu erfassen, da wollte ich schon mithalten können.

Alle Projekte die im Laufe der Jahre entstanden, waren erst eine Idee, wurden nach und nach konkreter, wieder fallen gelassen, wieder aufgenommen. Wir haben weiter daran gefeilt, kalkuliert, sie dem Berater vorgelegt, die Finanzierung abgeklärt und dann auf den richtigen Zeitpunkt der Realisierung gewartet.

Ich bewunderte stets Peters kaufmännisches Wissen, sein Gespür für seine „Kontrolllampen" im Betrieb, sein Know-how bei der Lohnverrechnung, den Bilanzen und steuerlichen Belangen. Sein unglaubliches Zahlengespür, seine Fähigkeit, viele Dinge auf einmal zu erledigen. Die Seite reicht nicht aus, wollte ich alles aufzählen. Große Begabungen bergen aber auch Gefahren. Jedenfalls, Hirn, Herz und Hausverstand haben wir gut in Einklang bringen können.

Meine Ehe mit Peter war und ist das Stärkste in meinem Leben. Sie hat mir alle Energie in den guten Zeiten gegeben, in den schweren Zeiten aber alle Energie abverlangt.

Ich will, das Wort ist mächtig,
sprichts einer ernst und still, die Sterne reißt's
vom Himmel das eine Wort, ich will.

Aus dem Gedicht „Ich will" von Friedrich Halm (1806–1871).

Der Hochschober ist ein Ort mit einer magischen Seele und vielen Gesichtern, ein Mikrokosmos. Mich hat er vom ersten Augenblick in seinen Bann gezogen, heute sehe ich ihn mit einem angenehmen Gefühl von Abstand und Zufriedenheit. In manchen Zeiten, wenn sich die Arbeit zu einem unüberschaubaren Berg anhäufte, wenn die Sorgen drückten, ich in der Nacht mit Herzklopfen und Angstschweiß aufwachte, halfen mir ein Stoßgebet zum Herrgott, Block und Bleistift – für notierenswerte Träume und Ideen – griffbereit am Nachtkastl, um wieder ruhiger zu werden.

Eines nach dem anderen und Ruhe bewahren, das war meine Devise! Oftmals stellte ich mir das Haus als einen Elefanten vor, der sich nach einer langen Saison seufzend niederlegte und ausruhte. Und sich nach wenigen Wochen wieder auf seine vier starken säulenartigen Füße stellte.

Flexibel zu sein war immer wieder unser Thema: schnell umplanen, für jemanden einspringen, tausend Dinge! Es fiel mir nie schwer. Heute beschleicht mich allerdings das Gefühl, dass es eher mein Unvermögen war, öfter einfach NEIN zu sagen! Späte Erkenntnis ... Konstantin Wecker meinte einmal in seinem Lied „Liebesflug" aus 1981: „Von allen meinen großen Lieben ist mir nur eine treu geblieben: der Selbstbetrug." Sehr ironisch, aber mit mehr als einem Körnchen Wahrheit.

Unsere Wegbegleiter und Richtungsweiser

Beim Zurückschauen und Betrachten der „entscheidenden" Momente kommt mir eine Vielzahl von Menschen in den Sinn, die mein Leben und jenes unserer Familie stark geprägt und beeinflusst haben. Ich denke dabei an:

... die Familie und Freunde aus Kindheit und Schulzeit beim Ronacher.

... die Lehrzeit im Hochschober, wo Hans und Hilde Leeb erst meine großen Vorbilder und später meine „Antreiber" waren.

... Alex Tof, dem ich viel verdanke und den ich hoch schätze.

... Familie Daues und Filzmaier in Toronto, Kanada.

... Maria Seebacher, meine Tante vom Ronacher.

... Erika Wollenmann, meine Patentante aus der Schweiz.

... Elfie Gladik-Wendt aus Turrach.

... Helga Ronacher, die ich seit jeher bewundere.

... Peter Lintschinger aus Tamsweg, unser guter Freund.

... Dipl.-Psych. Reinhard Schober aus München, Institut für Verhaltensforschung.

... Oliver Pichler aus Wien, Marketingberater.

... die Hochsinnerleut mit ihrem Weitblick in zweifacher Weise.

... Pater Johannes Pausch und Co. vom Europakloster Gut Aich in St. Gilgen.

... Prof. Anneliese Fuchs, unsere Übergabe-/Übernahmebegleiterin durch fünf bewegte Jahre.

... Edi Zarre, der dem Turracher Wind seit dreißig Jahren standhält!

... Prim. Dr. Hans Marksteiner aus Hall/Tirol, ein großartiger Arzt und wunderbarer Mensch.

Einen hoch oben angesiedelten Platz in unserer Hotelgeschichte und in meinem Leben nimmt Dr. Jakob Edinger aus Innsbruck ein – als souveräner, weitblickender Berater und Visionär nicht nur in Tourismusfragen. Als wahrer Freund meines Mannes, als Halt und Stütze in schweren Zeiten.

Die Erfa-Gruppe (Erfahrungsaustauschgruppe) Kärntner Oberland, die 1969 gegründet wurde, war ein wesentlicher Pfeiler unseres Erfolges. Sieben Hoteliers hatten sich zusammengetan, um gemeinsam aufzutreten, mehr zu erreichen, sich auszutauschen. Ein zukunftsweisendes Miteinander, das für alle Beteiligten viele Vorteile brachte. Sieben außergewöhnliche Persönlichkeiten, ein jeder mit besonderen Stärken und Fähigkeiten, die klug und strategisch eingesetzt wurden. Durch die gemeinsamen Reisen entwickelte sich auch eine echte Freundschaft, es wurde mehr als nur eine Erfa-Gruppe. Der freundschaftliche Zusammenhalt bei uns Senioren ist nach wie vor gegeben. Wir treffen uns beim Golfen, Fischen oder um ein Fest zu feiern. Und da gibt es viel zu erzählen von früher – Erfa-Geschichten über die Erfa-Geschichte.

Richtungsweisend waren darüber hinaus auch unsere Informationsreisen, die uns auf alle Kontinente führten. Mittel- und Nordamerika, Karibik, Südamerika, Asien, Orient, Russland, China, Mongolei, die Liste ist sehr lang! Immer auf der Suche nach Neuem, aberteuerlustig, offen, respektvoll fremden Kulturen gegenüber. Reisen war mir nie eine Anstrengung, immer eine eine persönliche Bereicherung und sicherlich eine Belohnung für harte Arbeit. Schade finde ich zurückschauend nur, dass wir meistens unvorbereitet und damit ohne genaueres Wissen über ein Land auf Reisen gingen – und nach der Heimkehr stürzten wir uns sofort wieder voll in die Arbeit. Heute machen wir das natürlich anders und können unsere Reisen viel besser auskosten.

Konferenzen, Seminare, Vorträge, die im näheren und weiteren Sinn mit unserem Wirken zu tun hatten, waren ein fixer Bestandteil. Fachbezogene Messen in Hamburg, Berlin, Frankfurt, Luzern, Rom, München und Basel gehörten genauso dazu.

Auf der Bühne und hinter den Kulissen

Unser spannender Beruf hat viel mit „auf der Bühne stehen" zu tun, mit noch mehr Arbeit hinter den Kulissen und auch mit guter Performance. Wie ein guter Schauspieler muss ein Hotelier überzeugend, mit dem Herzen dabei sein. Und wie vielseitig er sein muss! Neben dem klassischen Know-how kommt noch so einiges dazu. Man sollte zum Beispiel

… sich genauso gut auskennen, wie ein Lohnverrechner, Bilanzbuchhalter, Steuerberater.

… mindestens so kreativ wie ein Architekt sein, darüber hinaus das Praktische nicht aus den Augen verlieren und noch weniger den Kostenrahmen.

… einschlägiges Wissen über sämtliche Professionisten haben, die im Haus regelmäßig tätig sind oder etwa einen 40-Betten-Trakt in sechs Wochen fertigstellen.

… Zeitplanung und Zeiteinsparung im Griff haben.

… die hohe Kunst der Diplomatie beherrschen im Umgang mit Ämtern, Baubehörden, Bürgermeistern, Nachbarn und Kollegen.

… als Mediator helfen können beim Schlichten von Streitigkeiten und Konflikten.

… für das Seelenheil von Gästen und Mitarbeitern oft spirituellen Beistand leisten können – trösten und die rechten Worte finden.

… mit Umsicht „Energievampire" orten.

… überzeugte Gastgeber sein – das Allerwichtigste, heute mehr denn je.

> Denn wenn wir ihre Herzen erreichen,
> werden wir sie für uns gewinnen.
>
> Nelson Mandela

Vor Begeisterung (aus)brennen

1986 war eines der besonders arbeitsintensiven Jahre mit mehreren Bauvorhaben, die aufwendige Vorbereitung brauchten – ein großer Brocken mit enormer finanzieller Belastung. Peter war überarbeitet, unter Druck, letzten Endes ausgepowert, aber er nahm die Signale nicht wahr. Es kam wie es kommen musste: er hatte Depressionen. Er konnte nicht mehr, zog sich ganz zurück. Wir pilgerten von einem Arzt zum anderen. Kamen heim mit den verschiedensten Tabletten. Peter verlor den Überblick über die Indikationen, nichts half.

Im Frühjahr die große Baustelle. Ein Glück, dass es dafür eine gute, verlässliche Bauaufsicht gab. In diesem halben Jahr, in dem Peter außer Gefecht war, erlebte ich, was es bedeutet, wenn der Leitwolf schwach ist. In verschiedenen Situationen stellte ich mich schützend vor ihn und musste erfahren, dass ich angegriffen wurde. Heute weiß ich, dass dies als Folge eines „Machtvakuums" eine ganz natürliche Reaktion ist.

Unseren Kindern, damals 18, 16, 14 und 9 Jahre alt, verschwiegen wir die Krankheit, obwohl sie spürten, dass es dem Vater schlecht ging. Ich würde es heute anders machen und die Kinder nicht in dieser Unsicherheit alleine lassen. In dieser Zeit wurde über die Depression nicht gesprochen. Heute ist es kein Tabuthema mehr. Es gibt eine Reihe von mutigen Menschen, die mit ihren Biographien in die Öffentlichkeit gehen und vom Überschätzen der eigenen Kraft, vom Burn-out, vom Alleingelassenwerden, von der Verzweiflung bis hinunter zum Bodensatz der gequälten Seele berichten.

Nach sechs Monaten verschwand die Krankheit von einem Tag auf den anderen wieder. Die Erleichterung lässt sich nicht in Worte fassen. Wer glaubt, dass Peter es nach dieser Erfahrung gelassener anging und daraus Schlüsse gezogen hätte – weit gefehlt! Mit neu gewonnener Energie und neuen Ideen ging es im gewohnten Tempo weiter.

Die Bettenanzahl war inzwischen erheblich gestiegen, Mitarbeiter kamen dazu, aber der Führungsstil blieb der „bewährte" alte. Ständig stellten wir uns der Herausforderung, den Qualitätsanspruch zu verbessern. Der gemeinsame Erfolg verlieh uns Flügel und gab die notwendige Energie, die verdichtete Zeit mit ihren Anforderungen zu bewältigen. Ein Ausspruch, oft „locker" dahingesagt von Architekt J. Asseg, der viele Bauetappen mit uns erfolgreich plante und leitete, lautete folgendermaßen: „Man ist ja nicht zum Vergnügen auf dieser Welt …" Und genau das entsprach teilweise unserer Arbeitseinstellung.

Arbeit vermag vieles – einerseits beflügeln und den Selbstwert heben, andererseits aber auch von Problemen ablenken und Kummer betäuben. Mit dem totalen Aufgehen im Beruf haben wir den Blick für einige wichtige Dinge aus den Augen verloren: Freundschaften pflegen, Kontakt mit den Nachbarn, Einladungen aussprechen und annehmen, Unternehmungen mit den Kindern, etwas ganz anderes machen wie etwa spontan gemeinsam wohin fahren, einfach einmal abschalten.

Das Haus hatte unsere ungeteilte Aufmerksamkeit. Und das veränderte auch unsere Persönlichkeit. Oder liegt es vielleicht daran, dass Menschen am Berg „eigen" werden? Das Leben im Hochschober auf der Turracher Höhe hinterlässt seine Spuren. Ohne es zu merken, gerät man in eine Art Isolation. Dazu passt ein Gedanke von George Bernard Shaw (1856–1950): „Der rastlose Arbeitsmensch von heute hat tagsüber keine Zeit, sich Gedanken zu machen – und abends ist er zu müde dazu. Alles in allem hält er das für Glück."

Unsere Meilensteine

Der orientalische Hamam – 1987

1987 flogen wir in den Semesterferien mit den Kindern für eine Woche nach Istanbul. Anfangs mussten wir uns an den hektischen Verkehr, die hupenden „Taksis", die staubige Luft und an das Durcheinander in den Straßen und Gassen gewöhnen, aber schon am zweiten, dritten Tag hatten uns die Faszination dieser Kultur-Weltstadt und seine gastfreundlichen Menschen eingenommen. So wie allen Besuchern wurde uns der große Basar, die Hagia Sofia, Topkapi und der Dolmabahçe-Palast gezeigt und erklärt.

Wir fuhren Richtung Süden und besuchten dort (der Vater mit den Söhnen, die Mutter mit der Tochter) einen alten Hamam. Es war eine Primär-Erfahrung, einerseits was die Hygiene betraf, andererseits was die Behandlung durch den „Tellak", den Hamam-Meister, anging. Vater hatte echte Sorge, dass seinen Buben nicht gar die Rippen angeknackst oder die Schulter ausgerenkt werden, so brachial ging der Meister vor. Gott sei's gedankt, sie überstanden die Prozedur unbeschadet, waren blankgeschrubbt wie noch nie und müde von der dampfenden Hitze. Langsam begann in uns die Idee zu keimen, dass so ein Hamam hoch in den Bergen im Hochschober eine faszinierende Sache wäre. In der oft rauen, unwirtlichen Bergwelt eine Insel voll Wärme und Entspannung innerhalb des Hotels zu schaffen. Eines kam zum anderen, ein Kontakt knüpfte an den nächsten. So lernten wir über jordanische Archäologen ein Architekten-Ehepaar aus Istanbul kennen, das sich auf die Revitalisierung von alten Hamam-Anlagen spezialisiert hatte. Mehrmals reisten wir in die Türkei, fuhren mit dem Ehepaar Tascioglu übers Land bis zur Südküste und „studierten Hamam". Nach vielen Vorschlägen, Änderungen und technischen Überlegungen entstanden die Pläne für den Hochschober-Hamam am Zeichenbrett. Mit den Leuten vom Lüftungs-/Heizungs-Planungsbüro Ing. Fellacher und mit Architekt Asseg gab es eine Informationsreise nach Istanbul. Eine aufregende Sache!

Noch aufregender aber war für uns, als wir am Flughafen von der Zollwache um ein Haar festgenommen und arrestiert worden wären. Nun ja, wir hatten einen besonders alt aussehenden Koran im Handgepäck. Diesen hatten wir in der Nähe der Universität in einem kleinen Buchladen erstanden. Die Jahreszahl des Druckdatums lag zu unserem Glück innerhalb des ausfuhrerlaubten Zeitraums. Nach langem, aufgeregtem Diskurs ließen uns die Zöllner ziehen.

Ärger erwischte es uns in Aleppo in Syrien, wo wir ebenfalls in der Sache Hamam eingereist waren. Dummerweise ohne Visa. So mussten wir für einen Tag in „Quarantäne“ nach Damaskus. Von dort ging's per „Schub“ zurück nach Wien! All das konnte unserer Begeisterung jedoch nichts anhaben. Wir blieben dran. An den Plänen wurde gefeilt und sie wurden immer konkreter.

Im Herbst 1996 wurde mit dem Schremmen der Felsen, dem Aushub und dem Rohbau begonnen. Über den Winter, während der Saison, wurde die Baustelle mit reichlich Schnee (aus einer Schneekanone!) kaschiert. Obenauf steckten wir Fichtenbäume in den tiefen Schnee – der Winterpark war fertig. Im Frühjahr und Sommer darauf wurde in den Gewölben alles Technische verlegt und eingebaut. Die meiste Zeit davon waren die Steinmetze beschäftigt. Eine kleine, sehr kompetente Firma aus Oberitalien war am Werk. Anstatt des weißgrauen Carrara-Marmors, der üblicherweise für derartige Bäder (auch in der Türkei, Syrien, Marokko) verwendet wurde, entschieden wir uns für den Rosa-Portogallo-Marmor, der unserem Hamam sein warmes, angenehmes und unvergleichliches Ambiente verlieh und verleiht.

Alle Installationen (Wasserhähne, Brausen, Mischbatterien, Schläuche, Duschköpfe usw.) wurden nach Originalvorlagen handgefertigt. Ebenso alle Marmorwasserbecken und Trinkbrunnen. Während der Fertigstellung in den Sommermonaten gab es für die Hausgäste einen interessanten Programmpunkt: „Baustellenbesichtigung“ im halbfertigen Hamam mit technischer Führung.

Im Dezember war es schließlich so weit: der Hamam war fertig! Beim Aufheizen der Böden, der Wände und der Dampfgrotten machte sich unter den Technikern große Ratlosigkeit breit. Sie brachten in den Grotten keinen Dampf zustande. Nach schlaflosen Nächten und viel Kopfzerbrechen wurden die Dampferzeuger verstärkt und dann klappte es endlich.

Dann: Zu einem Original-Hamam und dem Reinigungsritual gehört auch ein echter Hamam-Meister. Ein Tellak, der darüber hinaus, wie in unserem Fall, auch Deutsch spricht. Nach intensivem Suchen fanden wir den richtigen Mann – in Hamburg. Ein gewichtiger Mann namens Abidin, mit gut 130 Kilogramm und freundlichem Wesen. Auf den ersten Blick sah er allerdings zum Fürchten aus. Den Gästen das Hamam-Ritual zu vermitteln war aber keine leichte Aufgabe. Es musste immer und immer wieder erklärt, gezeigt und veranschaulicht werden. Mittlerweile ist es zu einem fixen Ritual geworden. So bringt es den richtigen Effekt und die gewünschte Entspannung.

Ehrung langjähriger Mitarbeiter: Elisabeth Lerchner, Josefine Steiner, Hans-Peter Schmidt, Peter Tschuschnig, Anni Grabner, Margit Weingartner, Burgi Gruber, Andrea Scherer, Snecana Vuijcic, Helga Dabernig, Maria Seebacher, Anni Trattler, Peter und Barbara Leeb mit Martin Klein (2004)

Meine Mutter Maria Wulz mit mir im Alpenpark (2004)

Mit dem chinesischen Architekten Professor Zhang und seinen Adjutanten (2004)

Maria Seebacher, meine Tante vom Ronacherhof (2005)

Dunja die Dritte, Hochschober-Haushund (2005)

Letzter Coaching-Tag mit unserer Übergabe-Begleiterin Professor Dr. Anneliese Fuchs (2009)

Meine Mutter (2009)

Bei der Karlhütte zum 70. Geburtstag von Peter Leeb (2010)

Hannes und Karin (1971)

Karins erstes Skirennen (1974)

Ralf mit 4 Jahren (1976)

Hannes und Karin beim Bergsteigen am Roten Turm, Lienzer Dolomiten (1979)

Thomas als Weihnachtsengerl (1982)

Vater und Sohn Hannes auf Urlaub in Ägypten (1983)

Wanderung nach St. Lorenzen. Die Kinderschar wächst, Ehepartner kommen dazu (1999).

Julias Taufe – vier Generationen Leeb mit der Oma Trudi Klein aus München (2003)

Von Ralf im ArtCenter handgefertigtes Meisterstück, die Möbiusschleife.

Familienreise nach Island, auf dem Weg in die Blaue Lagune (2001)

In Tobelbad auf Reha, Ralf besucht den Vater (2008).

Gasthof Hans Leeb (1929)

Hotel Hochschober (1936)

Der winterliche Hochschober (1974)

Blick vom Turracher See auf den Hochschober

Im Laufe der Jahre wuchs das Hotel.

Authentisch, die Hamam-Waschung.

Eine Pionierleistung, das See-Bad.

2005 eröffnet, der Chinaturm.

Wenn du Gäste hast, bereite Tee.

Eingangsbereich und Rezeption

Das Wortreich, die Bibliothek mit Lesesalon

Wohlige Atmosphäre in den Ruheräumen

Heimisches Holz sorgt für Schlafkomfort.

Die Yoga-Plattform am Grünsee

Der Spielraum

Das Basislager, Ausgangspunkt für Aktivitäten in der Natur

Die Villa, das Haus für Kinder & Jugendliche

Umgeben von den sanften Nockbergen.

Stimmungsvolle Ruhe

Das See-Bad – 1995

Über das „See-Bad" im Turracher See kann Peter am allerbesten erzählen. Das ist eine lange und aufregende Geschichte, angefangen von der ersten Idee bis zum ersten Sprung ins 30 Grad warme Wasser. Ich weiß nur, dass Peter gegen Ende des Fertigwerdens am liebsten sein Nachtlager am See aufgeschlagen hätte!

Es war Mitte der 1980er-Jahre, da entdeckte er in einer internationalen Bäder-Fachzeitschrift einen hochinteressanten Beitrag. Darin beschrieb der Autor dass es möglich wäre, einen Baggersee mittels Wärmetauscher auf Badetemperatur zu erwärmen. Kann es so etwas geben? Eine verrückte Idee! Peter Leeb versuchte mit dem Autor des Artikels Kontakt aufzunehmen, was ihm nicht gelang. Er riss aber den Beitrag aus der Zeitschrift und legte ihn zur Seite.

Ingenieur Korbinian Fellacher aus Mariapfarr im Lungau, Salzburg, der zu dieser Zeit im Hochschober für den Heizungs- und Lüftungsbereich Pläne ausarbeitete, hörte durch meinen Mann von dieser Idee und war vom ersten Moment an fasziniert. Es gab bei uns zwar keinen Baggersee, doch warum nicht einen Teil des Turracher Sees abgrenzen und nach dem angedachten Prinzip auf Badetemperatur bringen? Eine Utopie! Einen Bergsee, der, wenn es gut geht, im Hochsommer maximal 18 Grad „warm" wird.

Peter Leeb überlegte lange. Es ließ ihn nicht los. Die technische Herausforderungen, das absolute Neuland, die Behördenwege, Naturschutz ... Am schwersten wog: Was wird Fürst Schwarzenberg, dem der der Turracher See gehört, und sein Beamtenstab zu all dem sagen?

Herr Fellacher hatte sich indessen schon intensiv mit der Materie befasst und drängte meinen Mann das Projekt „See-Bad" wirklich in Angriff zu nehmen. Er war sich sicher, dass es funktioniert. Was es auch tat – aber es war ein langer, beschwerlicher Weg mit zahlreichen Bittgängen, bis dieses weltweit einmalige Projekt tatsächlich umsetzungsreif war.

Einerseits gab es die enormen technischen Herausforderungen, andererseits die intensive Überzeugungsarbeit bei den zuständigen Beamten aller Behörden. Wenn in der einen oder anderen Abteilung Ablehnung und Skepsis überwogen und gar nichts mehr weiterging, stellte Peter Leeb geradeheraus die Frage: „Sagen Sie mir, wie könnte es gehen?"

Mit Nervenstärke und Ausdauer war es schließlich 1995 soweit, dass mit der Verwirklichung begonnen werden konnte. Das Prinzip: Das See-Bad muss man sich als Becken ohne Boden vorstellen, somit schwimmt man in reinem Seewasser ohne irgendwelche chemischen Zusätze. Die Funktion beruht auf dem physikalischen Prinzip, dass Wasser bei 4 Grad Celsius die größte Dichte aufweist, das heißt am schwersten ist, wärmeres Wasser wird leichter und setzt sich ab, wodurch es auf der kalten Wasserschicht schwimmt (vergleichbar mit Öl auf Wasser). Diese warme Schicht reicht in eine Tiefe von ca. 1,8 bis 2 Meter. Zur Erwärmung wird das Wasser aus dem Becken über einen Wärmetauscher und wieder ins Becken zurückgepumpt. Die Energie zur Erwärmung auf 30 Grad wird aus dem im Ort vorhandenen Biomasse-Heizwerk bezogen. Die Wärmepumpe wird mit elektrischem Strom betrieben.

Der Anfang war eine wahre Odyssee, ein Hoffen und Bangen. Alle Verantwortlichen, voran Korbinian Fellacher, sein Mitarbeiter Herr Berner, Sepp Tockner, Herr Francesconi, Ernst Egger, Franz Weirer und sein Taucherteam haben ihr gesammeltes technisches Wissen und Hirnschmalz eingebracht. Ernst Egger hat darüber hinaus 1999 bis 2000 maßgeblich bei der Verwirklichung des Winter-Seebadbetriebes mitgearbeitet. Ihm ist zu verdanken, dass alles reibungslos funktioniert.

Kurz vor der Eröffnung, als bei den Technikern die Nerven blank lagen und die Stimmung am Nullpunkt war, weil die benötigte Wassertemperatur nicht erreicht wurde, meldete sich aus Deutschland das Fernseh-Team von „RTL Explosiv". Sie hatten von dem Bad im Bergsee Wind bekommen, reisten eigens an, um einen negativen Aufhänger zu bringen, einen Umweltskandal aufzudecken. Es kam aber anders. Das Filmteam traf erschöpft und erhitzt vor Ort ein und so sprangen die jungen Leute als Erstes ins wohltemperierte Seebad. Mit dem Ergebnis: Der TV-Bericht fiel durchaus kritisch positiv aus. Die erste Hürde war also genommen.

Obwohl es in den Anfängen laufend technisches Kopfzerbrechen gab, die Wassertemperatur oft schwankte, wurde das See-Bad begeistert angenommen und ist heute fester Bestandteil der Hochschober-Welt für Wasser, Wärme, Wohlgefühl. Im Sommer und genauso im Winter, wenn die Langläufer neben dem abgegrenzten, dampfenden Bad ihre Spuren auf dem zugefrorenen und beschneiten Turracher See ziehen.

Die Vastlhütte am Sam

Im Jahr 1995 schlossen wir mit der Feldkirchner Familie Strußnig vlg. Tiffner den zehnjährigen Pachtvertrag für die Vastlhütte am Sam ab. Damals eine kleine, baufällige Hütte, mehr ein Vieh-Unterstand. Peter Lintschinger fand sich bereit, sie von Grund auf zu erneuern. Hätte er gewusst, wie viel Arbeit das werden würde, hätte er die Arbeit nie angenommen – das verriet er uns, als sie fertig, urig und bildhübsch dastand. Ihr Platz ist auf einer weiten Alm – eine Sommerweide, mit vereinzelten Wetterlärchen, alten Zirben und einem traumhaften Blick bis an die slowenische und die italiensche Grenze mit den Karawanken und den Karnischen Alpen. Diese gemütliche Hütte mit einer teils noch erhaltenen Rauchkuchl und einer engen Stube für höchstens zwanzig Leute war so ganz und gar das Meine.

Sie kam meiner Sehnsucht nach Einfachheit und Ursprünglichkeit sehr entgegen. Zurück zu meinen Wurzeln. Heute werden die Ansprüche so hochgeschraubt und überzogen, dass die Balancekugel in der flachen Schale unseres Lebens völlig außer Kontrolle gerät. Ich glaube, viele Menschen sehnen sich nach mehr vom Einfachen.

Frühstück auf der Hütte am Sam war besonders beliebt und ist es heute noch. Um fünf Uhr aufstehen, mit dem voll beladenen Auto beim Hochsinner vorbei, dort frische Milch, Butter, Käse und Buttermilch bei der Bäuerin abholen. Den rumpeligen Weg hinauf zur Hütte. Das lästige, notwendige Gatter auf- und wieder zumachen.

Oben ausladen, wenn's noch dunkel war, Petroleumlampen anzünden. Den Herd und den Ofen im Stüberl einheizen. Wenn die Sonne auf den Schornstein schien, zog der Rauch nicht durch, stattdessen kam er aus Herd und Ofenritzen, bis es mit Geduld und gutem Zureden endlich „zog". Tische decken, frisches Wasser vom Brunnen holen, Kaffee kochen. Milch heiß machen. Alle köstlichen Frühstücksbestandteile auf dem Tisch platzieren. Bauernbrot, Butter, Marmelade, Honig, Glundnerkäse, Schinken, Speck, Salami, Joghurt, süßen Rahm, Preiselbeeren. Krenwurzen reiben. Die Buchteln – unsere „Ofennudeln" – aus der Form stürzen, den Türkensterz abschmalzen. Für die Frigga Eier, Speck und Emmentaler bereitstellen.

Mittlerweile war es in der Stube gut warm. Um 8 Uhr herum kam die Gruppe von oben herab angetrabt. Fröhliche Begrüßung und zum guten Anfang gleich einen Magenbitter und ein Stück Brot mit Salz.

Anorak ausziehen und hinein in die kleine Stube. So eine respektable Morgenwanderung auf den Schoberriegel und hinunter zum Sam machte schon ordentlich Appetit.

Der Alpenpark – 1997

Die Torfwiese zwischen dem Hotel und der Bundesstraße konnte nicht begangen werden, weil man im feuchten Erdreich versank. Die Vorstellung, das Areal als Park zu gestalten, nahm konkrete Formen an. Die Firma „Gartengestaltung Hans Winkler“ aus Seeboden setzte unsere Ideen zunächst auf einem Plan um. Das Wichtigste zu Beginn war der Unterbau. Anhand von Bohrungen stellte man fest, dass die Torfschichte an die zwanzig (!) Meter tief war. Torf ist wertvoll und speichert die Feuchtigkeit. Ein Großteil davon wurde ausgehoben und zwischengelagert. Der Felsaushub vom Hamam-Bau wurde stattdessen als Unterboden verwendet. Der gesamte Humus musste vom Tal heraufgebracht werden, welcher vermischt mit dem Torf die Grundlage für die Bepflanzung war. Eine äußerst heikle Aktion war das Umpflanzen unserer siebzig Jahre alten Hauszirbe in den Park. Gott sei Dank war sie einverstanden mit dem Umzug! Kerzengerade wurzelte sie wieder ein und wächst jetzt langsam weiter vor sich hin – zu unserer großen Freude.

Ich denke so gerne an diesen Frühsommer, als die Gärtnerschar mit dem Bepflanzen begann. Es war eine Freude zu sehen, wie alles Gestalt annahm! Der dort aufgestellte Kinderturm bekam zwar eine leichte Schräglage, weil der Unterboden trotz Aushub nachgab, aber es war nicht weiter schlimm. Das Bächlein rauschte, das Mühlrad klapperte. Die jungen Pflanzen und Sträucher wurden mit Holztafeln samt Namen versehen. Jetzt war alles fertig – eine wirkliche Augenweide!

Doch dann suchte uns ein schweres Unwetter mit Hagelschlag heim. Der ganze Garten war weiß, die kleinen Pflanzen waren zu Mus zerschlagen. Ein harter Beginn für unseren Alpenpark auf 1800 Metern … Manche der Gewächse vertrugen das Klima überhaupt nicht und verschwanden wieder. Die meisten aber gewöhnten sich und wuchsen prächtig.

Nun kam für mich das „Garteln“ dazu! Jäten, kratzen, schneiden, ein Auge auf alles haben. Meine Mutter, die bei uns wohnte, half mir viel – mit ebenso großer Begeisterung wie mit Fachkenntnis. „Ich bin heute in der Botanik", sagte sie am Morgen und zog mit dem Werkzeug los. Begleitet von Dunja, der Chow-Chow-Hündin, die sich dann in ihrer Nähe niederließ und sie bewachte. Das Unkraut wuchs mindestens so schnell wie die Blumen und wir mussten ständig dahinter sein. Ein Sprichwort besagt:

Ohne Arbeit früh und spät
Wird Dir nichts geraten,
Der Neid sieht nur das Blumenbeet
Aber nicht den Spaten.

Für meine Mutter und mich eine schöne Zeit, die ich nie missen möchte. Dazu fällt mir ein Gedicht ein, das ich einmal zugeschickt bekam. Es lautete:

Die Zeit verändert Menschen.
Die Zeit verändert Gefühle.
Die Zeit verändert Situationen.
Die Zeit verändert Träume und Gedanken.
Aber ...
Das Einzigste, was sie nicht verändern kann,
sind Vergangenheit,
Erinnerungen und schöne Momente.

Und weil der vorläufig letzte große Meilenstein vor allem unsere Nachfolgegenerationen betrifft, ist es Karin, die dazu ihre Gedanken notiert hat:

Die Genesis des Chinaturms – 2005

Ähnlich wie bei der Entstehungs- und Vorgeschichte von Hamam und See-Bad, ging auch diesem herausragenden Projekt eine siebenjährige Recherche- und Nachdenkphase voraus. Begonnen hat alles 1998 im legendären Huxinting Teehaus in der idyllischen Altstadt von Shanghai. Dort erlebte mein Vater Peter Leeb erstmals eine chinesische Teezeremonie und war sofort begeistert von der Wirkung dieser stillen Meditation. Die Ruhe, die innere Haltung und Gelassenheit des Zeremonienmeisters übertragen sich unmittelbar auf die Gäste und lassen sie den Lärm der Welt vergessen. Sofort war ihm klar: das passt in den Hochschober.

Schon in den 1980er-Jahren waren meine Eltern im Land der Mitte gewesen und hatten seit jeher tiefen Respekt für die alte, aber auch die neue Kultur dieses aufstrebenden Landes. Besonders fasziniert war mein Vater von der Pagoden-Bauweise, den majestätischen „fliegenden Dächern", ihren wie Flügel zum Himmel erhobenen Dachspitzen, den Haupt und Nebendächern, den Dachreitern, die böse Geister fernhalten sollten. Immer wieder sprach er davon, einen chinesischen Turm ans Ufer des Turracher Sees zu setzen. Wo wir unseren Gästen als Zeichen der Gastfreundschaft Tee anbieten könnten, in China ein Jahrtausende altes Kulturgut. Ruhe und Gelassenheit im Tee zu finden, Respekt für die Natur zu erfahren und den daoistischen Tee-Weg zu erlernen – das schwebte ihm vor.

Es sollte allerdings noch bis 2002 dauern, bis das Projekt „Chinaturm" konkret wurde. In diesem Jahr wurden bei der Gemeinde Reichenau erste Baupläne für die Entstehung einer vierstöckigen Pagode am Seeufer eingereicht. Besonders wichtig waren im Verlauf des gesamten Projektes zwei Mittelsmänner, die uns sämtliche Kontakte nach China ermöglicht haben: der österreichische Konsulent Karl Schmeisser und sein chinesischer Geschäftspartner Jian Wang. Ohne sie und ihren Einsatz würde es heute keinen Chinaturm in Kärnten geben.

Als wir, mein Mann Martin Klein und ich, im selben Jahr in den elterlichen Betrieb einstiegen, „vererbte“ mein Vater uns seine ursprüngliche Idee und stellte es uns frei, sie zu realisieren oder fallen zu lassen. Ihm war klar: Wir müssten ebenso wie meine Eltern für diese Vorstellung brennen, um die Ausdauer und Kraft zu haben, so ein einzigartiges Unterfangen durchzuhalten. Im Februar 2004 schickte er uns für eine dreiwöchige Reise nach Peking, Shanghai und Hangzhou, um uns auf China, die Teekultur und die Philosophie, die dahinter steht, einzustimmen. Begleitet wurden wir dabei von Chinas liebenswertestem und durchsetzungsfähigstem Reiseführer, Zhihuai Sun. Er hat uns in diesem Jahr insgesamt vier Mal (!) geleitet, uns das Land uns seine Menschen näher gebracht und ist uns sehr ans Herz gewachsen. Die Idee meines Vaters, uns für China und den Tee zu begeistern, ging voll auf. Wir kamen zurück mit einer ganz konkreten Vorstellung, wie unser Turm auszusehen hätte und mit welchem Leben wir die vier Etagen füllen wollten. Klar war von Anfang an, dass das Herzstück der vierstöckigen Pagode das Teehaus im obersten Stockwerk sein würde. Für die Einheit von Körper, Geist und Seele braucht es auch die fernöstlichen Bewegungs- und Entspannungstechniken. Dafür sollte ein Meditationsraum entstehen. Und eine Praxis für chinesische Massage- und Heilmethoden schwebte uns vor. Dazu ein angemessener Zeremoniensaal für die Königin der chinesischen Teekultur, die Gonfucha-Zeremonie (Grüntee-Zeremonie).

Während uns die Mittelsmänner einen Architekten vermittelten (Professor Jaitai Zhang, damals oberster Denkmalschützer der Provinz Henan), dieser schon über die Distanz hinweg plante, reisten wir zwei weitere Male nach China. Ein Mal um sämtliche Einrichtungsgegenstände, Dekoration vom Gong bis zum Tuschepinsel, Kissen, Bilder, Bildbände, Vasen und so weiter, vor Ort einzukaufen. Ein zweites Mal (nur Martin mit dem damaligen Architekten Josef Asseg), um in der Ziegel-Manufaktur die handgefertigten Keramikziegel zu begutachten und zu bestellen. Leider sollte sich diese Entscheidung im Nachhinein nicht bewähren. Das Ziegeldach wurde 2012, nur sieben Jahre nach Fertigstellung, komplett saniert und durch ein hoffentlich langlebiges Kupferdach ersetzt.

Besonders aufregend war es für uns, die vielen hübschen Dinge, die wir in Möbelhäusern und auf Antikmärkten erstanden hatten, der

Spedition zu übergeben, die – so unsere Hoffnung! – per Containerschiff von der Hafenstadt Tianjin in die Nordsee-Stadt Hamburg geliefert werden sollten. Und von dort per Sattelschlepper-Transport auf die Turracher Höhe.

Und noch eine vierte China-Reise fand im Oktober 2004 statt, wohl die, die uns am meisten Freude bereitet hat: Uns war es wichtig, die Führungskräfte im Hochschober (Abteilungsleiter und Stellvertreter) für dieses außergewöhnliche Projekt ins Boot zu holen. Ohne ihr Feuer der Begeisterung, so war uns klar, würden wir den Gästen nicht vermitteln können, welche Berechtigung der exotische Bau in den Kärntner Nockbergen hat. Und nur sie würden es schaffen, das Gebäude mit Leben und Überzeugung zu füllen. Die Reiseroute – uns ebenso vertraut wie der lieb gewonnene Reiseleiter Herr Sun – hatte zum Ziel, den Mitarbeitern sowohl die Kultur-Klassiker näherzubringen, als auch ihnen so viele Teehäuser wie möglich zu zeigen. Nie mehr wieder haben sie vermutlich ähnlich viel Grüntee genossen ... Mit dabei war auch unser damaliger Marketing-Experte Oliver Pichler sowie der Geschäftsführer der Turracher Bergbahnen, Fritz Gambs, sein Assistent und sogar unser Haus- und Hofmaler aus Tamsweg, Hubert Schiefer. Ihn wollten wir unbedingt mitnehmen, weil nur so sollte es uns gelingen, das perfekte, einmalige, punktgenaue „Dattelrot" für die Wände und Säulen des Chinaturmes zuwege zu bringen.

Doch auch daheim auf der Turracher Höhe ging es in diesem Herbst rund: Der statisch aufwändige Bau der „Seidenstraße" (Verbindung zum Chinaturm), die Errichtung der Liegearchitektur am See (genannt „Schlafsack") und der Rohbau des Chinaturmes. Dieser wurde nach den Plänen von Professor Zhang in Vollholz-Bauweise aus Tiroler Weißtanne von der Tamsweger Firma Ehrenreich in nur fünf Tagen realisiert. Da stand er nun, der Chinaturm in seiner unverputzten Rohfassung. Leuchtend helles Holz, massiv und mystisch, beinahe wie im puristischen Zen-Stil anmutend. Der Zeitplan sah vor, dass das Gebäude über den Winter so stehen bleiben sollte und wir erst im Sommer an der Innenfertigung weiterbauen würden. Nur ein erstes Stockwerk wurde für die Wintersaison fertig gestellt und als Yoga- und Meditationsraum genützt.

Den Winter über wurden wir (Martin Klein, Peter Tschuschnig, ich sowie zehn weitere Tee-Interessierte) von der kundigen Teemeisterin Hue Van Ngo Layman vom Wiener Teefachgeschäft „Artee“ in die Kunst der Teezeremonie (genannt Tee-Weg) eingeführt. Frau Ngo wurde uns von Karl Schmeisser als die Grüntee-Expertin Österreichs empfohlen und dank ihrer Strenge und Konsequenz konnten wir uns die handwerklichen Fertigkeiten, das theoretische Wissen und vor allem die richtige Geisteshaltung und Philosophie aneignen.

Im November 2004 kamen aus Hamburg zwei Sattelschlepper auf der Turracher Höhe an. Beladen – Überraschung! – tatsächlich mit den von uns erstandenen Kostbarkeiten aus dem Reich der Mitte. Bange Momente waren das, als wir im Beisein der Zollbehörde alle Stücke begutachteten und uns über jedes einzelne freuten. Knifflig wurde es noch einmal, als es darum ging, für alle Packlisten die notariell beglaubigten Übersetzungen zu liefern. Aber die Behörden waren – wie über das ganze Projekt hinweg – sehr kooperativ und freuten sich, an dieser einzigartigen Geschichte mitgewirkt zu haben. Die Ziegel und die Einrichtung wurden bis zum Mai 2005 zwischengelagert. Wie immer war die Bau-Finalisierung mehr als knapp und wir mussten die letzte Nacht vor Saison-Start im Mai alle gemeinsam die Putzarbeiten im Chinaturm bewältigen. Erst in den Morgenstunden haben mein Mann und Peter Tschuschnig dem fernöstlichen Ambiente mit Baumbus-Topf und Wandbehang den letzten Schliff gegeben. Letzterer hatte das ganze Projekt hinweg unermüdlich die komplette Bauaufsicht und ließ sich von keinem „Geht nicht!“ aus der Ruhe bringen.

Dank der Vorarbeit meiner Eltern, die mit dem Hamam 1998 bereits eine exotische, fremde Kultur in den Hochschober eingepflanzt hatten, waren unsere Gäste äußerst offen und positiv dem neuen Angebot gegenüber. Natürlich polarisierte und polarisiert das Gebäude auch heute noch. Darf es auch, finden wir. Aber es ist – so wie der Hamam und das See-Bad – zu einem herausragenden Merkmal und Symbol für den Hochschober geworden. Und Freude haben mein Mann und ich täglich daran. Nur zu wenig Zeit, um dort bei einer Tasse Tee den Lärm der Welt zu vergessen.

Reisen hat uns reich gemacht

Reisen hat uns reich gemacht. Reich an Wissen um fremde Kulturen. Reich an Begegnungen mit fremden Menschen. Offen für Toleranz und Achtung vor Natur und Menschen. Um alle Reisen chronologisch aufzulisten, brauchte es schon seine Zeit! Wir hätten doch von Anfang an genau mitschreiben sollen. Nach all diesen Jahrzehnten wäre es interessant zu wissen, wie oft wir in Hotels eingecheckt, in welchen Zimmern wir genächtigt haben, wie viele Zimmernummern wir uns merken mussten … Aber die wichtigsten „Eckpunkte" tauchen nach und nach im Gedächtnis auf:

Auf die **Turracher Höhe** ging meine allererste Reise 1957 auf dem Sozius-Sitz des Puch-Rollers von Onkel Othmar.

Nach **Rijeka**, über die Karstberge, fuhren wir mit dem schicken Karman von Peter, da war ich gerade 17 Jahre jung und sah zum ersten Mal das Meer!

Von **Klagenfurt**, über Wien und Amsterdam nach **Toronto** erlebte ich meinen allerersten Flug, das war 1965.

Von Toronto nach **New York** und weiter auf die **Bermudas** ging es im Mai 1967.

Mit dem Greyhoundbus von Toronto nach **Montreal** zur Weltausstellung fuhr ich im September 1967, von dort ging es heim nach Kärnten und auf die Turrach zu Peter.

Nach Jugoslawien, genau nach **Rogaška Slatina**, und nach **Bad Gleichenberg** führte unsere Hochzeitsreise im Oktober 1967.

Tunesien – die Insel Djerba war 1969 unser erster Badeurlaub; der Strand voller Teerablagerungen, das Essen miserabel, aber trotzdem war es ein Erlebnis, auch kultureller Art.

Nach **Mailand**, ins **Tessin** (wo wir das kreative Hotel Losone erlebten) und nach **Zürich** ins bekannte „Mövenpick" und in das „Feldschlösschen" brachte uns 1969 eine ÖHV-Gruppenreise.

Thailand im Jahr 1974! Ein Schnäppchen: pro Person für eine Woche unter 5000 Schilling. Frau Elfie und eine Service-Mitarbeiterin flogen mit. Die Exotik von Bangkok und die schönen Menschen begeisterten uns hellauf.

New York-Besuch bei Lisl Mayer in ihrem schönen Anwesen auf New Jersey, 1979. Absprache wegen des Tunhardhütten-Kaufes. Treffen mit Sigi und Gerda Brandstätter in Manhattan im Rainbow-Room. Weiterflug auf die **Bermuda-Inseln**.

1980 Segeltörn auf den **Virgin Islands**. Mit am Boot Ernest Rizzi und Freundin. Eine herbe Enttäuschung. Die Enge des Bootes, ein rauschgiftsüchtiger Kapitän. „We jumped the Bodicea!" Und das Schlimmste: Karin, das erste Jahr im Internat in Gmunden, war verzweifelt und sorgte sich um uns, hatte Heimweh, aß nichts mehr. Ich höre noch ihr tiefes Schluchzen, als wir sie wieder in die Arme schließen konnten.

1981: Mit Hilde und Peter Lintschinger nach **New York, Washington, Fort Lauderdale** und **Miami**. Den Big Apple vom Empire State Building aus zu sehen, wenn es dunkel wird und alle Lichter aufleuchten – unvergesslich. Blick vom World Trade Center zur Freiheitsstatue. Abendessen im Steakhouse „Caddle Room". In Washington Weißes Haus, Capitol, Heldenfriedhof, Abraham Lincoln Museum, Picknick mit Speckjause am Ufer des Potomac-Flusses, wo Peter Lintschinger sein Taschenmesser verlor!

Mit den Kindern erlebten wir während dieser Jahre einige tolle **Bergtouren**. Mit Anstiegen zur Hütte, Übernachten im Schlaflager. Klettertouren mit Seil, Gurt und Helm. Edi Ratheiser, ein Profibergsteiger, unternahm mit uns – gemeinsam mit seinen eigenen drei Kindern – kindergerechte Touren. Zur Klagenfurter Hütte in den Karawanken, zum Roten Turm in den Lienzer Dolomiten, zur Mojstrovka im Slowenischen. Das „Berg Heil!" am Gipfel, das Gipfelfoto und die gute Jause waren die Belohnung für die Anstrengung. Besonderen Spaß machte es, auf langen Geröllhalden hinunterzuspringen, wenn die Steine unter den Füßen sich wie ein Zauberteppich nach unten bewegten. Eine Gaudi für uns alle!

Einen Tauchkurs machten wir alle gemeinsam in **Krumpendorf am Wörthersee**. Ich verriet niemandem, dass ich mit Sicherheit die meiste Angst von uns allen hatte. Nach der abgelegten Prüfung samt Diplom fuhren wir noch zum Ostufer des Weißensees und tauchten in dem kristallklaren, kalten Wasser. Auch in Osttirol waren wir bei einem kleinen See. Ja, sogar den Grünsee auf der Turrach erforschten wir in einem Tauchgang.

1981 mit Hannes, Karin und Ralf eine Reise nach **Paris**. Das kleine Hotel mit dem Frühstücksraum im Keller. Sehenswürdigkeiten abklappern: Triumphbogen, Montmatre, Eiffelturm, Escargots (Schnecken in Knoblauch), Tauben füttern, Porträtsitzen im Künstlerviertel, Versailles, die Parkanlagen. Die Mona Lisa blieb ihnen erspart. Drei Stunden Anstellen war zu viel verlangt.

Peter fährt mit Hannes und Karin 1982 nach **Ostdeutschland**, Ostberlin, Westberlin, Leipzig, Dresden. Besuch bei Pfarrer Schlimps Freunden – „Rote Grütze mit flüssiger Sahne“ – Castrop-Rauxel/Wanne-Eickel …

Die von der Firma „Coca-Cola“ 1983 gesponserte Reise nach **Peking** und **Hongkong**; weiter nach **Japan** (Tokio, Kyoto, Osaka). Peking vor dreißig Jahren: Abertausende Menschen im blauen Drillich-Anzug, radfahrend. Der Platz des Himmlischen Friedens vom Militär bewacht. Der Kaiserpalast, schlechte Straßen in Richtung Chinesische Mauer. Und heute … Die japanische Hauptstadt pulsierend, hektisch, modern. Das U-Bahnnetz mit der Stadt unter der Stadt. Der weltweit einzige Shinkansen. Sukiyaki-Abendessen, Sushi vom Feinsten – aber wir Österreicher sind halt Banausen, was fremde Köstlichkeiten betrifft. Der schneebedeckte heilige Berg Fujiyama, Shinto-Schrein, zauberhafte Gartenanlagen, Kiesflächen, wo sorgsam und gleichmäßig mit dem Rechen spiralförmige Muster gezogen werden. Eine von vielen Meditationsmöglichkeiten.

1984 geht es auf die **Malediven**: Von Kollegen „wärmstens“ empfohlen, sie waren schon öfter dort. Nakatchafushi, ein Inselchen, das in einer halben Stunde zu Fuß umrundet wird. Sehr, sehr einfach ist alles. Die Hütten, das Essen. Ich sollte auch das Tauchen probieren, aber ich fürchte mich so vor dem Wasser! Trotzdem versuche ich es und nehme allen Mut zusammen. Es klappt einigermaßen. Dann muss ich mit der Gruppe mit. Haifische schauen, Muränen, Kugelfische. Einmal mit zum Wracktauchen und zum Nachttauchen mit Lampen. Gruselig – aufregend. Die Taucherbrille presse ich so stark aufs Gesicht, dass ich Basedow-Augen bekomme. Einmal versenke eine Sauerstoffflasche, als ich ins Boot klettere. Neben dem ganzen „Stress“ gibt es einige schöne Augenblicke, die ich unter Wasser durchaus genieße.

Ebenfalls 1984, nach **London** mit Hannes, Karin und Ralf. Stadtführung, Madame Tussauds, Wachablöse, Hyde Park, Speakers' Corner, die großen Kaufhäuser. Hannes und Karin geben deutlich zu verstehen, dass ihnen ziemlich fad ist. Also ziehen alle drei Kinder auf eigene Faust los. Ralf geht in die Spielzeugabteilung im „Selfridges“. Hannes und Karin treffen sich, ohne es abzusprechen, in einem Museum. Im Flugzeug leert Karin Orangensaft in ihren Schoß. Ein richtiger kleiner See. Ich konnte nicht aufhören zu lachen. Der Nachbar schaute deswegen ganz böse auf mich. Es war nicht in Ordnung von mir. Entschuldigung!

Im selben Jahr wieder unterwegs, diesmal eine gezielte Studienreise, um Hotels zu besichtigen. **Bangkok, Hongkong, Manila, Jakarta, Bali, Singapur**. Manila war zu dieser Zeit ein Unruheherd. Polizei war an allen Ecken und Enden. Auf Bali, im Hotel Oberoy, lernten wir Bogi Kothari und seine Frau aus Baroda (Britisch-Indien) kennen. Daraufhin kamen ihre erwachsenen Kinder Naresh und Tejas zu uns nach Österreich.

Im Spätherbst 1985 startete unsere Trekkinggruppe, organisiert von Edi Ratheiser, gut vorbereitet und ausgerüstet nach **Nepal**. Zuerst eine Woche Richtung Annapurna mit Zelt und Rucksack, dann von Kathmandu mit dem kleinen Flugzeug nach Lukla. Von dort zu Fuß Richtung Everest-Basiscamp – mit 5400 Meter die höchste Erhebung, die wir je erreichten. Nur ein kleiner „Gupf" inmitten der Everest-Riesen. Ein unvergessliches Erlebnis.

1990 besuchen wir Karin in **Lausanne**, wo sie ihr Servicepraktikum macht. Zur selben Zeit ist Ralf in Verbier ebenfalls zum Praktikum. Wir freuen uns so, unsere Kinder zu sehen. Leider hat Karin ganz böse Zahnschmerzen.

Das Team des Nationalparks Nockberge und Hohe Tauern organisieren 1991 eine Informationstour mit Wohnmobilen von **Denver** bis **San Francisco**. Für mich ist noch ein Platz frei. Abenteuerlich und eindrucksvoll. Bei meiner ersten Wohnmobilfahrt als Chauffeurin ramme ich um ein Haar einen Pkw. Wir fahren stundenlang und immer schnurgerade dahin. Übernachten im Wohnmobil am Campingplatz. Es ist für alles gut gesorgt. Rocky Mountains Nationalpark, Mesa Verde, Grand Canyon, Bryce Canyon, Arches, Yosomite, Sequoia. Beeindruckend war auch die stundenlange Fahrt durch „Death Valley". Zwischenstopp in Las Vegas, um Siegfried und Roys „Tiger-Show" zu sehen. Eintauchen in den Dschungel der Spielhöllen, ein Kontrastprogramm. Nach Mitternacht schlüpfen alle „daheim" wieder gerne in ihre Schlafsäcke im Wohnmobil. Um 6 Uhr früh geht es weiter Richtung Westen. Las Vegas spielt immer noch oder schon wieder. Als vorletztes Ziel ein Abstecher nach Nappa Valley mit einem Besuch in Mondavis edlem Wein- und Kunstschauraum. San Francisco ist der Abschluss. Einen Tag durch die Stadt auf eigene Faust. Wohnmobile abgeben. Ein langer Flug nach München. Peter holt mich dort ab. Wir sind glücklich. Wir haben uns wieder.

1992: Große Weltreise **Miami – Florida – Edmonton**, wo wir unsere Tante Anni und Onkel Walter besuchen. **Vancouver, Hawaii, Taiwan,**

Taipeh (wo wir wegen des fehlenden Visums festgehalten werden), zurück nach **Hongkong**. Besuch bei Mary Lee im Hotel „Concourse". **Singapur** und wieder heim. Schon als Volkschulkind hat mich das Fach „Erdkunde" immer besonders interessiert. Wenn mir damals einer gesagt hätte, ich würde eines Tages rund um die Welt fliegen ...

Mit meiner Mutter, die in dieser Zeit bei uns im Hochschober lebte, unternahmen wir eine schöne Reise. In **Florida** besuchten wir Ralf in Tampa. Abstecher nach **Jamaika** – Montego Bay. Dann mit Ralf zusammen einige Tage auf die **Bermudas**, um ihnen diese zauberhafte Inselwelt zu zeigen. Ralf flog wieder zurück zur Arbeit und wir besuchten **New Orleans**. French Quarter, der Deich zum Meer hin, die Friedhöfe, Jambalaya, Jazz Clubs „Preservation Hall", „Jazz Band Sweet Emma". Unvergesslich! Zu guter Letzt noch **New York**. Meine Mutter war von allem tief beeindruckt und hielt so manche Anstrengung tapfer durch. Es machte uns so viel Freude, ihr alles zu zeigen. Der einzige Wermutstropfen war, dass ihr Koffer beim Heimflug am Flughafen in Klagenfurt nicht dabei war. Dabei hatte sie so viele kleine Geschenke und ihre guten Kleider drinnen. Der Koffer stand erst vier Wochen später vor der Haustüre!

1998 **Indien**! Naresh und Tajas Kothari, mittlerweile gute Freunde aus Baroda (heute im indischen Staat Gujarat), luden uns ein. Das erste Ziel ist Goa, wo wir uns mit Naresh treffen. Von dort nach **Mumbai (Bombay)**. Der erste bleibende Eindruck ist die Fahrt vom Flughafen ins Stadtzentrum. Der Stadtteil der Ärmsten unter den Armen. Ich will es nicht in Worte fassen. Umso mehr erstaunte es uns, als Naresh erzählt, dass es dort keine Kriminalität gebe, keine Gewalt. Mumbai war für mich unbeschreiblich. Reichtum, Armut, Elend, Schönheit, Hässlichkeit, Macht und Unterdrückung hautnah nebeneinander. Das Kastenwesen, die Religion prägen das Leben. Nackte Kinder, die unter den parkenden Autos schlafen, schöne Inderinnen in Seidensaris, Männer im eleganten Anzug. Diese Dichte an Menschen auf den Straßen, der unglaubliche Autolärm, der Schmutz in den Seitenstraßen, Bettler. Köstliche Gerichte aus den Garküchen und über allem die Smogglocke. Wir erfahren die großartige Gastfreundschaft des großen Kotharie-Clans. Sie lassen uns nicht aus den Augen, zeigen uns die Schönheiten, zeigen uns, wo man gut speist und wie man richtig indisch isst - nämlich mit den Fingern und das sehr appetitlich! Chapati, köstlichen Reis, sehr scharfe Saucen, exotisches Gemüse, wenig Fleisch. Joghurt mit Kardamom als Getränk. Auch das Betelkauen sollten wir probieren ... es blieb bei dem einen Mal!

Von Mumbai fliegen wir nach Madras, Madurai und Malabariburam im Süden Indiens. Wir sehen Paläste der Maharadschas, die heute als Hotel dienen. Tempel mit furchteinflößenden Gottheiten in rauchgeschwärzten Grotten, Blumenkränze als Opfergaben. Es ist ein eher bedrückendes als erbauliches Schauspiel. Wenn wir jemandem etwas überreichen, zum Beispiel Geld, achten wir immer darauf, dass es die rechte Hand ist, die linke Hand gilt als unrein.

In einer dieser Städte „reißt" Peter einmal aus und macht sich alleine auf den Weg. Stundenlang ohne Ortskenntnis – ohne Handy. Irgendwann findet er sich in einem Gerichtsgebäude wieder, wo wie einst die Richter in schwarzen Talaren und mit weißen Perücken ihre Richtersprüche fällen. Peter erzählt, dass er unbehelligt durch diese Räume ging, niemand ihn angesprochen hat. Nach vier Stunden kommt er wieder frohgemut zurück. Ich bin derweil fast gestorben. Aber so ist er.

Ab 1999 wurde für uns das Thema **China** – Peking – Shaolin-Mönche – chinesische Medizin, das Wissen um den Tee hoch aktuell. Wieder einmal, wie schon oft, hatte Jakob Edinger Kontakte geknüpft. Peter flog zum ersten Mal mit und in der Folge wurden es an die fünf Reisen nach China mit verschiedenen Schwerpunkten.

Familienreise nach **Finnland** (1999) in der Weihnachtszeit und über Silvester. Äkäskero, weit nördlich von Helsinki war das Ziel. Hannes mit Ilka, Karin und wir kommen aus Wien, Ralf und Thomas aus Los Angeles. Treffpunkt am modernen Flughafen. Eine lange Taxifahrt bis zur Lodge. Eisglatte Fahrbahn. Sogar Hannes scheint sich bei der rasanten Fahrt zu fürchten. Endlich angekommen erhalten wir von der Wirtin gleich eine Rüge, weil wir zu spät sind. Das Abendessen wartete schon. Ein gemütliches Blockhaus, geräumig, hübsche kleine Zimmer mit wunderbaren Eisblumen auf den Fensterscheiben. Am Eingang ein offener Kamin und eine Sitzgruppe. Wir machen es wie unsere Stammgäste im Hochschober und belegen den gemütlichen Platz vor dem Feuer!

Die Tage sind extrem kurz. Um 10 Uhr wird es hell und gegen 15 Uhr wieder finster. Abends und nachts bewundern wir das Nordlicht, ein Phänomen, das uns tief beeindruckt. Blaue, lila, grüne Farbwellen, Streifen wie Vorhänge wabern am Horizont.

Dick eingepackt ist die Jugend mit den Motorschlitten unterwegs. Ein flaches, leicht hügeliges Land, hohe Bäume, komplett vereist wie Säulen. Wir, die Eltern, versuchen es mit den Langlaufschiern. Nicht ungefährlich, denn wir haben keine Orientierung. Rentierschlittenfahrt.

Und als Highlight die Fahrt mit dem Huskyschlitten. Jeder bekommt ein Gespann und wird eingewiesen. Links, rechts, stopp. Ich sehe Karin vor mir, wie sie einem Rodeoreiter gleich auf den Kufen steht und dahinflitzt. Diese Huskyschlittenschule betreibt übrigens ein junger Mann aus Patergassen. Nach so viel eisig kalter Luft geht's in die echte finnische Sauna mit Birkenreisig und einem „Eisloch" im See. Abends sind Schnapsen, Schnapseln und Jenga Spielen angesagt. Koch Matti sitzt gerne dabei, trinkt ein Bier, schweigt. Nur einmal sagt er: „Funny game."

Den letzten Tag verbringen wir in Helsinki, Stadt besichtigen im grautrüben Nebel. Felsenkapelle, am Abend feines Essen in einem russischen Lokal. Das waren kostbare Tage mit viel Nähe und ihren angenehmen Begleiterscheinungen.

2000: Thomas war auf Konzerttour in Österreich. So flog ich mit ihm nach **Los Angeles** und besuchte Ralf in **Pasadena**. Ein kleines Haus mit Obstgarten teilte er sich mit Kollegen. Zur Abwechslung hatte er sich die Haare goldblond gefärbt. Er zeigte mir „sein" ArtCenter oben in den Hügeln. Klassenräume, Werkstätten, Design-Modelle, Computer, ein Kraftplatz für Kreativität. Eine Talenteschmiede für Innovationen technischer und künstlerischer Art.

Thomas wohnte in Valencia, eine Autostunde nördlich von Los Angeles. Seine Wohnung direkt neben der Eisenbahn war furchtbar laut und furchtbar „unaufgeräumt". An dem Tag war es dort so heiß, dass der Asphalt vor der Tür flüssig wurde.

„CalArts" – kurz für California Institute of the Arts – wurde von Walt Disney für talentierte junge Menschen gegründet. Weltmusik wird gelehrt, Klassik, Modernes, afrikanische Musik, Tanz, Schauspiel, Grafik und die Kunst der Cartoons. Mit einer Bücherei wie ein Labyrinth voll Wissen. Von einem Mann aus Ghana – Professor für afrikanische Trommeln – erzählte mir Thomas ganz begeistert. Sein Weltbild und seine Kenntnis für Musik hat Thomas in diesen vier Jahren hier festigen können.

Eine Woche **Ischia**, ebenfalls 2000, mit Hannes, Evelyn, Karin, Martin und meiner Mutter. Eine Faulenzerwoche mit viel Schlafen, Baden, Flanieren, Mopedfahren, sehr gut Essen. Vor unseren Fenstern aus dem Meer ragend der Felsen mit der Kirche. Der Titel des Buches „Der talentierte Mister Ripley" kommt mir da in den Sinn.

Im Jahr 2001 Studienreise nach **Florida** mit Jakob Edinger, Karl Reiter, Simone Maier, Gunda Unterweger, Peter und mir. Ziel war, die Spa-

Anlagen in einigen Hotels in und um Miami zu besichtigen. Zwei Damen, Judy Singer und Betty Monteson, die in den USA maßgeblich die Qualitätsstandards von Wellnessanlagen beeinflussen und auch selber große Projekte planen, waren uns dabei behilflich. Jakob Edinger hatte wieder einmal die Kontakte hergestellt und es auch uns ermöglicht, mit dabei zu sein.

Dann das gemeinsame Erlebnis **Island**! Mit Hannes, Evelyn, Karin, Martin, Ralf und Thomas. Reykjavík, modern, quirlig. Wo die Straßen mit Wärme aus der Blauen Lagune beheizt werden. Erster Ausflug in die Blaue Lagune zum Baden. Herrlich, dieses Wasser, extrem schwefelhaltig und gesund. Leider nicht gut für Karins blondiertes Haar!

Island lässt sich schwer beschreiben – man muss es gesehen haben. Mit jedem Tag erkennt man seine Schönheit mehr. Farben in den unglaublichsten Schattierungen, tiefgrüne Wiesen, Schafe, Islandpferde, kleine bunte Bauernhöfe, Wasserfälle hier, Gletscher da, heiße Quellen und das Glück einen Führer namens Gustav zu haben, der wunderbar erzählt, uns im Felsendom ein Lied seiner Heimat anstimmt und uns alle zu sich in sein Haus zum Abendessen einlädt. Wir erfahren alles über Kobolde, versteinerte Menschen, Geister. Mit dem Jeep und Vollgas durchs Flussbett, weil die Straße weggerissen ist.

Einen ganzen Tag ohne Gustav, mit den Jeeps unterwegs, auf extrem schlechten Wegen. Und dazu auch noch ohne Jause. Wir bauen Steinmandln auf, die wir bei der Rückfahrt sogar wieder erkennen! Lebertran am Frühstücksbuffet, sehr zu empfehlen! Als wir uns in Reykjavík am Flughafen verabschieden, habe ich Heimweh nach den Kindern und nach Island.

2002: Relax Guide-Herausgeber Christian Werner möbelt die Qualitätskriterien in den Wellnessanlagen quer durch Österreich auf. Sogar **Thailand** und **Bali** mit ihren herausragenden Destinationen, was den hohen Standard angeht, sind in seinem „Lilienbuch" aufgelistet. Herr Werner gibt uns etliche persönliche Empfehlungen und wir machen uns auf die Reise in die beiden exotischen Länder. Es wird die teuerste in unserer Geschichte! Mit einem kleinen Auto samt Fahrer geht es von Denpasar los. Alleine hätten wir die Orte nie gefunden. Die Straßen sind schmal und die Straßenschilder können wir nicht lesen. Das Land und seine Menschen – ein Traum. Wir sind verzaubert! Wir sehen und erleben wunderbare Hotelanlagen mit paradiesischen Gartenanlagen und feinem Service. Die Spa-Bereiche sind landestypisch mit ihrer Innen- und Außenwelt. Alle Sinne werden angesprochen.

Zusammen mit den Menschen, die die Behandlungen durchführen, ist es ein wunderbares Ganzes. Wir können von ihnen viel übernehmen, aber in dieser Symbiose der „weichen" Dinge sind sie unerreichbar.

Peter und ich fliegen 2002 nach **Köln** und fahren mit dem Leihauto nach **Venlo** und **Venray** bis nach **Ysselsteyn** zum Soldatenfriedhof, wo Wilfried, der einzige Sohn von Hans und Hilde Leeb, 1944 am 31. Dezember gefallen ist. 4400 Grabkreuze stehen dort – in Reih und Glied bis zum Horizont. Wilfrieds Kreuz steht ganz am Anfang der Reihen. Vorne ist ein Waldstück mit einer Holzbank. Bis Mitte der Sechzigerjahre ist Hilde Leeb jedes Jahr für drei Wochen dort hingefahren, hat in einem Privathaus bei Frau Peterson gewohnt und jeden Tag das Grab besucht und auf der kleinen Bank gesessen. Die Vergangenheit kam auch für uns wieder zurück, wir spürten, wie wichtig das für uns war. Wir waren froh, diese Reise gemacht zu haben.

Syrien-Reise 2004! Über Dr. Zarikian, dessen Heimat Aleppo ist, nahmen wir Kontakt mit seinem Bruder auf. Unser Reisebüro-Vertrauensmann meinte, wir bräuchten kein Visum. Flug von Wien nach Aleppo, Ankunft 18 Uhr, wo wir jedoch am Flughafen bald erfuhren, dass es ohne Visa keine Einreise gibt. Vor dem Glasfenster der Ankunftshalle winkte uns Jakob Zarikian aufgeregt zu. Wir wurden in eine kleine Kabine gebeten, die Reisepässe mussten wir abgeben. Da saßen wir nun. Gegen Mitternacht brachten sie uns, eskortiert von der Polizei, zu einem Flugzeug, das uns nach Damaskus brachte. Dort gab es in der Ankunftshalle ein eigenes Abteil für Asylanten. Voll mit Menschen, die offensichtlich dasselbe Problem wie wir hatten. Auf dem Boden waren noch zwei Plätze frei. Gut. Letztlich wurde uns doch ein eigenes Zimmer, mit Fenstergitter davor, um den Preis von 200 Dollar zugewiesen. Die Türe wurde von außen versperrt. Am Morgen kam ein Beamter und fragte an der Türe, ob wir noch da seien. Den ganzen Tag warteten wir herum, es hieß, am Abend würden wir mit der Austrian Airlines wieder zurück nach Wien fliegen. Es war nervenaufreibend. Im allerletzten Moment wurden uns die Tickets und die Pässe ausgehändigt. Und so ging es wieder direkt nach Österreich. Das war am 31.10., an meinem Geburtstag.

Ein halbes Jahr später besorgten wir uns die erforderlichen Visa, flogen nach Aleppo, Jakob Zarikian holte uns ab und wir erlebten äußerst interessante Tage in der Altstadt. Die große Festung, das Labyrinth, die Basare. Mit dem Bus reisten wir nach Damaskus, vorbei an bewässerten Plantagen mit Gemüse, Südfrüchten, Wein. Archäologische Ausgrabungen waren immer wieder von der Straße aus zu sehen. In

Damaskus selbst: Moscheen, rufende Muezzine, moderne Hotels, schicke Geschäfte und viele alte, teilweise schon verfallene Hamams. Freundliche, hilfsbereite Menschen, viele junge, die Englisch sprachen. Am Abend war die Stadt mit den Hügeln dahinter von Millionen färbigen Lichtern erhellt, wie kostbare Edelsteine glitzerten sie. Weit am Horizont, südwestlich, die Golanhöhen.

2005: Reise nach **New York** zu einem ganz besonderen Anlass! Die standesamtliche Hochzeit von Hannes und Evelyn mitten im Central Park in einem Pavillon. Ein wunderschöner Tag für uns alle. Einmal abgesehen davon, dass der Bräutigam, seine Brüder und sein Trauzeuge die ganze Nacht mehr als ausgiebig gepoltert hatten und am Morgen zum vereinbarten Zeitpunkt nicht erschienen. Die Braut war aufgelöst. Ihr Seelenzustand, ihr Make-up, die wunderschöne Frisur – alles. Erst zwei Stunden später erschienen Bräutigam und Begleitschutz rotäugig und übernächtig.

Am nächsten Tag fuhren wir nordwärts nach New Haven, wo Hannes an der Yale Universität lehrte. Er zeigte uns den Campus, die wunderbare Bibliothek, die als Objekt an sich mit den leuchtenden Glasscheiben schon einmalig ist. Und erst das Innere! Ein Kosmos voll Wissen und Forschung.

Abschiednehmen – Ralf und Thomas flogen zurück nach Los Angeles. Evelyns Eltern sowie Harald und Karin wollten zurück nach Österreich, Peter und ich nach Toronto. Genau in dieser Zeit kam es zu einem gewaltigen Stromausfall, der die gesamte Ostküste erfasste. Karin und die Tabojers saßen in New York fest, rund vierzehn Stunden. Die „Friendly Airline" war weder hilfsbereit noch freundlich und blieb unsichtbar.

Wir, Peter und ich, waren in **Toronto** wohl gelandet und erlebten dann hautnah, wie eine Millionenstadt funktioniert, auch wenn es keinen Strom und kein Benzin gibt. Nämlich erstaunlich unaufgeregt und improvisationsfähig. Mit dem Mietauto ging es aus der Stadt Richtung Norden, weiter nach Muskoka, wo ich ja 1966 einen Sommer lang gearbeitet hatte. Das Hotel Muskoka gibt es noch, allerdings vergrößert, verbessert – eine beeindruckende Anlage direkt am Muskoka See. Beim Durchgehen fand ich keine Erinnerungsplätze mehr, wohl aber kam mir der besondere Geruch, ein spezieller Duft in den Sinn, der mich so sehr an damals erinnerte. Nicht unangenehm, sondern derart besonders, dass ich ihn nicht zu beschreiben vermag. Für mich sind Gerüche immer ein Ankerpunkt, um mich sofort in die Vergangenheit zurückzuversetzen.

Weiter nördlich besuchten wir Heinz und Donna Daues in ihrem Haus am Fraser Lake. Der typische kanadische Norden: endlose Wälder, schnurgerade Straßen im weitläufigen Planquadrat angelegt. Kleine Siedlungen, Orte mit Hotels, Kentucky Fried Chicken, Riesen-Trucks mit Anhängern, die bei nächtlicher Fahrt mit unzähligen bunten Lämpchen bestückt sind.

Das Haus unserer Freunde liegt ganz versteckt und einsam. Heinz war früher Versicherungsmakler bei Sun Life Insurance. Ein total gestresster Mann. Heute sitzt er mitten im kanadischen Busch vor seiner Funkstation, hat so Kontakt zur ganzen Welt und ist glücklich. Zu gerne hätte er uns ein Grundstück verkauft. Aber die Wegstrecke ist uns auf Dauer doch zu weit! Seeboden passt uns besser.

Wir genießen die Fahrt. Vor Montreal werde ich leicht nervös. Wir müssen durch die Stadt mit den vielen neben-, über- und untereinanderliegenden Autobahnen. Ich fahre und Peter mit der Karte auf den Knien sagt mir, wo es langgeht. Es klappt einwandfrei und ich bin stolz. Peter und ich, wir haben nie viel gestritten … aber regelmäßig und durchaus heftig beim Autofahren. Wenn er fuhr und ich die Karte hatte. Es artete oft richtig aus ... Ich kann nämlich, ehrlich gesagt, keine Karten lesen. Nach vierzig Jahren machen wir es umgekehrt – und es funktioniert bestens.

Unser nächstes Ziel war ein Hotel in Quebec, in dem Peter Ende der Fünfzigerjahre einen Winter lang arbeitete. Er erkannte es fast nicht mehr wieder. So heruntergekommen und schlecht geführt. Manche Plätze sollte man nicht wieder aufsuchen und sie besser so in Erinnerung behalten, wie sie eben waren.

Quebec, die Hauptstadt der gleichnamigen kanadischen Provinz. Mit französischem Flair, das so wie die französische Sprache bewusst hochgehalten und gepflegt wird. Im „Chateau Frontenac" hoch über der Stadt blieben wir ein paar Tage. Wir wohnten in einem verwinkelten Turmstübchen mit einem sensationellen Blick auf den St. Lawrence River mit seinen vielen Fährschiffen, Schleppern und Cruisern. Dieser Strom ist die Lebensader, die vom Norden in den Eriesee fließt.

Erlebnis **Albanien** (2005)! Einer Einladung von Oberst i. R. Adolf Herzer folgend, flogen wir nach Tirana. Herr Herzer arbeitete an einem EU-Projekt und wollte uns die Stadt, die Küsten und die Gebirgslandschaften zeigen. Albanien ist ein wildes Land, Tirana eine wuchernde Stadt! Bei unserer ersten Fahrt vom Flughafen ins Hotel bestand die Straße eigentlich nur aus tiefen Löchern, mit Schlamm und Wasser aufgefüllt. Im drauffolgenden Jahr war dieselbe Straße asphaltiert. Baukräne gab es so viele wie Häuser! Schon am ersten Abend brachte uns Herr Herzer zum „Steinhaus“, einem Esslokal außerhalb der Stadt. Ein Raum mit vier Tischen minimalistisch, einfach, bescheiden. Vor der Türe im Freien ein Holzkohlengrill. Es gab nur Lamm, Salat und Brotfladen und roten Landwein. Wir hatten noch nie zuvor ein so köstlich gewürztes, wohlschmeckendes Lamm gegessen.

Im Süden von Tirana gibt es fruchtbares Ackerland, Obst, Gemüse, Wein. Es wächst dort alles. Die Küstenstreifen sind weithin unberührt, teilweise genutzt vom lokalen Tourismus. Weiter im Süden konnten wir die griechische Küste erkennen. Im Halbbogen zurück kamen wir am Ohridsee vorbei, der einige besondere Fischarten beherbergt, die es nur dort gibt. Von Tirana ging es wieder weiter in den nördlichen Teil des Landes. Hinein in die Talschluchten und in Serpentinen immer höher hinauf. Oft schwindelerregend und sehr exponiert. Die Bauernhöfe in den entlegensten Dörfern. Männer im dunklen Anzug und mit Hut auf dem Maultier reitend, dahinter die Frau mit einem Bündel am Rücken. Alte Mercedes-Wagen vor den Häusern. Importe aus Deutschland, die hier auf den schlechten Straßen nach wie vor gute Dienste leisten. Ersatzteile gibt es genug. Und immer wieder entdecken wir an den Wegkreuzungen Tafeln mit dem Foto von einem Mann, dem Namen und dem Sterbedatum. Die Blutrache herrscht immer noch.

Die nächste **Albanienreise** gab es 2006, im Herbst. Wir fuhren Richtung Opatija und Rijeka. Opatija besitzt heute noch den Charme der Jahrhundertwende, als es – damals Abbazia genannt – ein mondäner Kur- und Ferienort war. Alte zauberhafte Villen, Hotels, die größtenteils renoviert sind und im frischen Glanz strahlen. Die Küste, das klare Meer, die Promenadenwege, gepflegt und einladend.

Von dort fuhren wir weiter ins Landesinnere und fanden Siedlungen und Dörfer vor, die noch die Wunden vom Krieg 1992/93 trugen. Häuser, neu gebaut, teils halbfertig, mit Einschusslöchern übersät und leerstehend, Ruinen. Welche Geschichten könnten diese Häuser wohl erzählen?

In der schönen Hafenstadt Split machten wir Stopp, trafen uns mit Adolf Herzer und fuhren gemeinsam die Küstenstraße nach Dubrovnik. Die Festungsstadt am Meer, die Perle Kroatiens, ist ein wirklich lohnendes Ziel.

Wieder weiter ins Landesinnere, über schmale und kurvige Passstraßen, wo die Straßenbreite gerade einmal für ein Auto reichte – ohne Ausweichen. Trotzdem kamen Lkws entgegen! Selbst Adolf Herzer, ein begnadeter Autofahrer, standen die Schweißtropfen auf der Stirn. Von den Höhen schauten wir in den Talkessel, in dem Mostar eingebettet liegt, umgeben von einem Kranz aus Hügeln. Das Stadtzentrum mit seinen Stadtmauern, den Moscheen und Kirchen und der berühmten Brücke, die während des Krieges traurige Berühmtheit erlangt hatte. Auch hier sind die Häuser übersät mit Einschusslöchern. Wir sitzen im Café nahe der wiedererbauten Brücke von Mostar und schauen zu, wie junge Männer – als Mutprobe – von der Brücke ins eiskalte, glasklare Wasser des Flusses springen, so wie es auch früher die Jugend immer schon getan hatte.

Von Podgorica und der Küste Montenegros kamen wir in das Dorf Bioče, wo an der Straße ein serbisch-orthodoxes Kloster steht. Eine Quelle sprudelt direkt neben der Mauer des Klosters, in dem es einen Wandelgang aus dunkel gebeizten Balken, einen gepflegten Garten mit Buchs und alten Rosenstöcken gibt. Die Kirche mit vielen brennenden Kerzen und Ikonen. Die Stille, der Frieden! Ich erstehe geweihte Kerzen für zu Hause.

Von Kotor ging es nach Cetinje; diese war Fürstensitz von Bosnien-Herzegowina und höchstgelegene Hauptstadt Europas. Weiter in den Kosovo. An der Grenze die KFOR-Soldaten. Einer der Fotostopps war das weite Tal des geschichtsträchtigen Amselfeldes.

Über Zaim, Prizren, Peč, Kukës ging es über schlechte, unbeschilderte Straßen zur albanischen Grenze. Es wurde finster – keine Dörfer oder Siedlungen weit und breit. An irgendeiner Polizeistation brannte eine Funzel. Wir machten Halt, um nach dem weiteren Weg zu fragen und uns die Füße zu vertreten. Wir standen unmittelbar neben einer Steinbrücke ohne Geländer, als ich plötzlich hinterrücks in den Abhang zum Bachbett stürzte – tief genug, um mir das Becken anzubrechen. Irgendwie beförderten mich die zwei Männer vom Graben wieder herauf und ins Auto. Nach mehr als drei Stunden Fahrt kamen wir in Tirana an. Frühmorgens wurde ich mit Krankenwagen, Blaulicht und Polizeieskorte zum Militärkrankenhaus gebracht. Arthur Sulze, ein guter Freund von Adolf Herzer hatte alles vorbereitet. Ich war in besten Händen.

Von einer Weiterreise konnte jedoch keine Rede mehr sein, wir flogen also nach Klagenfurt zurück. Nach etlichen Wochen brauchte ich die Krücken nicht mehr. Die Haarrisse waren verheilt und mein Brückensturz zählte zur Geschichte.

Zeitsprung

Bei all dem Zurückdenken – da und dort in kurzer Rückschau, dann wieder im Detail – erkenne ich allmählich ein „Bild" und darin die Veränderungen und Wandlungen von sechzig Jahren. Ich komme natürlich aus einer anderen Zeit. Als ich meine Lehre begann, hatte ich Angst davor, ans Telefon zu gehen! Meine Enkelkinder hingegen sind in Sachen Handy, iPod, DVD und PC durch und durch geübt.

Zum Einkaufen ging es früher nach Feldkirchen zum Nau, zum Eisen Klaus, zum Breschan und zum Moser. Heute wird übers Internet bestellt. Ein Schulausflug mit dem Bus nach Klagenfurt war ein Erlebnis. Heute ist ein Flug in die Türkei bald selbstverständlich.

Und doch – in vielen Belangen war das Leben unkomplizierter, einfacher, überschaubarer. Drogen, Gewalt, Übergriffe hatten noch nicht den Einfluss von heute. Alkohol wurde allerdings von den jungen Leuten genauso konsumiert. Das Wort „Krise" wurde kaum verwendet. Die Dichte und Häufigkeit an negativen Medienberichten haben zugenommen, ebenso der Informationsfluss aus allen Richtungen. Das Selektieren ist kaum mehr möglich, die stetige Information frisst unsere Aufmerksamkeit. Ungeteilte Aufmerksamkeit, wirklich zuhören, auf die leisen Stimmen achten … ich habe diese Disziplin während meiner Berufszeit leider oft außer Acht gelassen.

Eine weitere Beobachtung gibt mir zu denken. Jedes Mal, wenn es im Haus eine Neuerung gab, eine Idee verwirklicht wurde, alle an der Fertigstellung arbeiteten und das Ziel erreicht war, gab es da zunächst ein Glücksgefühl, ein Hoch, Freude, Stolz. Doch der Kick hielt nur kurz an und es ging wieder an das Nächste. Warum eigentlich? Hat „der Markt" uns getrieben? War es unser Ehrgeiz? War es die Freude am Gestalten? Wohl von allem etwas!

Bei all dem Wandel hatte ich immer schon ein Faible für alte Dinge. Eine Uhr und eine Intarsientruhe aus einem Schloss. Altes Bauernleinen, alte Gerätschaften, Tontöpfe, Werkzeug … Besonders wertvoll waren mir die alten Sachen vom Haus. Ein 50-Liter-Kochtopf, eine Kaffeemaschine aus Kupfer, Wolldecken, ein Fleischwolf, alte Bilder, Silberbesteck und vieles mehr. Sie erzählen eine lange Geschichte und das macht sie so besonders.

Es braucht die Veränderung und es braucht die Beständigkeit. Peter Lintschinger hat uns dazu eigenhändig einen Handwerkerspruch aus dem Lungau auf einen Holzbalken bei der Tunhardhütte geschnitzt:

Du sollst am Alten – so es gut ist – halten.
Doch auf altem Grund Neues schaffen jede Stund.

Bühne frei für die nächste Generation

Das Jahr 2000, das so genannte Millenniumsjahr, war für uns ein ganz besonderes. Am 8. August, Karin und Martin waren aus München zu einem Besuch auf die Turrach gekommen, eröffneten sie meinem Mann, dass sie gerne den Hochschober übernehmen wollen. Unsere Erleichterung lässt sich nicht in Worte fassen. Zwei Jahre später übersiedeln sie und ziehen in die Wohnung im Nachbarhaus ein. Für Martin, und auch wieder für Karin, ist es der neue Lebensmittelpunkt. Mit vielen offenen Fragen und enormen Herausforderungen. Im selben Jahr übernehmen sie die Geschäftsführung. Mit Peter Tschuschnig an ihrer Seite werden die Zuständigkeiten der Abteilungen neu aufgeteilt. Wir sehen ihre Begeisterung, ihren Ehrgeiz, sattelfest zu werden, kompetent zu sein.

Mein Mann räumt sein Büro im Erdgeschoss, zieht damit in den ersten Stock in ein ehemaliges Gästezimmer. Er macht den Platz frei für seine Nachfolger. Mit unseren besten Vorsätzen, was die Übergabe betrifft, gehen wir vier in die neue Zeit.

Die Fehler, die wir bei unseren Senioren selber machten und bei ihnen erleben mussten, werden wir ganz sicher nicht machen. Dafür machen wir andere! Es ist ein guter „Zufall", dass Karin und ihr Vater in Salzburg bei einem Vortrag über Betriebsübergaben und Generationskonflikte teilnehmen. Dort lernen sie die Vortragende, Professorin Anneliese Fuchs, kennen. Für Karin ist gleich klar, dass sie für uns die richtige Persönlichkeit ist, um uns auf dem schwierigen Weg zu begleiten, zu coachen. Eine kluge Entscheidung. Halbjährlich gehen wir zwei volle Tage außer Haus in Klausur. Tage, in denen wir intensiv Themen bearbeiten. Ungestört, was in der Alltagsroutine leider fast unmöglich geworden ist. Es sind insgesamt fünf Jahre geworden.

Anneliese Fuchs gab uns in ihrer hohen fachlichen Kompetenz, ihrer praktischen Lebenserfahrung, verpackt in unverblümter Direktheit und gottvollem Humor, das Rüstzeug, um uns gegenseitig besser zu verstehen. Es war richtig harte Arbeit. Oftmals hatte ich den Eindruck, jeder von uns sitzt auf einen anderen Planeten, einer redet am anderen vorbei. Zwischen Sachlichkeit und Emotionalität liegen Welten. Karin und ihr Vater sind aus ähnlichem Holz geschnitzt. Dem dominanten Vater musste Karin mit viel Kraft entgegentreten. Das ging zeitweise mit Enttäuschungen und Verletzungen einher.

Es ist schon etwas Wahres dran: Gut meinen kommt meistens nicht gut an! Und dass wir Menschen, die wir lieben, besonders leicht verletzen, hat wohl ein jeder schon erfahren müssen. Im Grunde ging es um das Annehmen einer neuen Situation, eines neuen Lebensabschnittes. Das Abnabeln – es braucht seine Zeit. Heute kann ich aus Überzeugung für mich und für uns sagen: „Wir haben es gemeinsam wirklich gut gepackt."

Schwere Zeit mit familiärem Schulterschluss

In den Jahren 2005 bis 2007 gab es für Peter etliche Baustellen, diesmal im übertragenen Sinne, die ihm Kopfzerbrechen und schlaflose Nächte bereiteten. Er musste erfahren, dass sein Weltbild von Recht und Unrecht, die Werteansicht im kaufmännischen und politischen Leben schwer erschüttert wurden.

Die Spirale begann sich nach unten zu drehen. Geist und Seele vermittelten: Nichts geht mehr. Zu alledem kamen noch die Pläne einer umfassenden Investition im Hotel in Millionenhöhe. Erschöpft, überarbeitet, den Kopf voll mit ungelösten Problemen, rutschte er wieder in die Depression. Drei Wochen stationäre Behandlung im Krankenhaus brachten keine Besserung – ganz im Gegenteil.

Es war 2008, der gute Ruf der Innsbrucker Klinik half uns bei der Entscheidung, dorthin zu fahren. Für Peter selber war dieser Schritt mit Angst und Abwehr verbunden. Die Krankheit hatte ihn voll im Griff. Während dieser Zeit wohnte ich in Innsbruck gleich in der Nähe der Uniklinik und besuchte ihn täglich. Auch für mich eine harte Zeit, in seiner Nähe zu sein und nicht wirklich helfen zu können.

Mitte Februar dann sein unglücklicher Sturz mit schweren Verletzungen und acht Wochen auf der Intensivstation. Unsere Kinder kamen abwechselnd wochenweise, tageweise, um mich bei meinen täglichen Besuchen zu begleiten. Diese Zeit hat sich tief in mein Gedächtnis gegraben:

Nachmittags von 15 bis 16.30 Uhr und abends von 19.30 bis 20.30 Uhr ist Besuchszeit auf der Intensivstation. Im großen Klinikum durch die

Halle, mit dem Lift hinauf, links die Stiege wieder hinunter, bis zur Glastüre mit Sprechanlage. Im Warteraum Hände desinfizieren, Plastikschürze umbinden, geduldig warten, bis man aufgerufen wird. Der große, helle Raum mit mehreren belegten Betten, an deren Kopfseiten übereinander gestellt die Monitore, leuchten und summen, Daten liefern, Kurven zeichnen, unregelmäßig piepsen. Schläuche, Sonden, Beatmungsgeräte. Das Bett mit Heizmatten gewärmt. An den leeren weißen Wänden Landschaftsbilder, Fotografien. Ärzte, Schwestern voll konzentriert, äußerst wachsam.

Bei unseren Besuchen sprechen wir immer mit ihm. Egal, ob er schläft oder die Augen offen hat. Wir erzählen alles Mögliche, sagen ihm immer wieder, wie sehr wir ihn lieben. Hände streicheln und das Gesicht mit Creme massieren. Ich singe ihm Kärntnerlieder vor. Einmal versuche ich es mit Kopfhörer und klassischer Musik. So vergeht ein Tag nach dem anderen. Jedes Mal, wenn ich abends nach dem Besuch über den großen Klinikvorplatz gehe, läutet mein Handy. Jedes Mal ist Karin dran und ich erzähle ihr, wie es ihm geht. Hoffen und Bangen.

Schwer war die Zeit, als das Beatmungsgerät wegkam und er wieder selber aus eigener Kraft atmen musste. Das Zusehen alleine war schon eine Anstrengung. Wenn keines unserer Kinder bei mir sein konnte, kam Jakob Edinger und begleitete mich. Sie alle gaben mir Halt und Kraft. Mitte April bekam Peter im selben Raum einen Platz am Fenster mit Blick auf die verschneite Nordkette. Die künstliche Nahrungszufuhr wurde langsam abgesetzt und er musste selber essen bzw. gefüttert werden. Das war mühsam, er musste erst wieder schlucken lernen. Beim Versuch zu sprechen gaben die Stimmbänder keinen Ton her. Er wollte mir etwas sagen und ich verstand ihn einfach nicht. Es war zum Verzweifeln.

Ende April, nach Ostern, hieß es von einem Tag auf den anderen: Im LKH Klagenfurt ist ein Platz in der Intensivstation frei – Peter wird dorthin überstellt. Eine überstürzte Abreise. Er war zu diesem Zeitpunkt noch schlecht beieinander, aber doch so weit, dass er mir deutete, wie viel ich samt einem Dankesbillett für das Team im Intensivraum in ein Kuvert stecken sollte. Die Fahrt von Innsbruck nach Klagenfurt in einem Spezialkrankenwagen mit eingebauten Überwachungsgeräten war für ihn eine schwere Belastung. Auf der Autobahn ging es zeitweise mit Blaulicht und Folgeton auf der Überholspur dahin. Endlich in Klagenfurt angekommen, erwarteten uns Karin und Martin beim Krankenhausportal. Nach zwei Tagen Quarantäne landete er wieder in der Intensivstation. Das Bett am Fenster gab den

Blick auf die Karawanken frei und auf Bäume mit frischen, grünen Trieben. Ein gutes Zeichen.

Nach mehr als acht Wochen kommt Peter in ein normales Zweibettzimmer. Jeden Tag kleine, mühsame Etappen zurück ins Leben. Jeder Tag ein kleiner Sieg. Warten auf einen Platz im Reha-Zentrum. Am 1. Juli ist es soweit. Peter wird dorthin überstellt. Wir, Thomas, seine Frau Janai und ich, erwarten ihn dort schon. Neues Umfeld, neue Orientierung, Aufnahmeprozedere, Dreibettzimmer. Peter muss nach wie vor flach liegen. Er ist schwach und abgemagert. Nach einer schwierigen Operation am Hüftknochen, durchgeführt im LKH Graz, ist nach wie vor strenge Bettruhe angeordnet. Dann endlich – er lernt wieder, im Bett aufzusitzen, sich aufrecht halten. Nach dieser langen Zeit sind alle sonst selbstverständlichen Griffe und Abfolgen eine riesengroße Herausforderung. Nie vergesse ich, wie er mir im Rollstuhl am Gang entgegengefahren ist. Auch das kann Glück sein!

So schwach und hilflos er auch ist, sein starker Wille und sein Wollen bringen ihn jeden Tag ein kleines Stück näher ans gesund Werden. In der Therapie übt er eisern – mehr als ihm oft gut tut. Am Doppelbarren lernt er das Gehen wieder. Mit dem Rollstuhl sind wir viel im Freien und haben dort unsere „geheimen Trainingsstrecken“. Aufwärts fahren, die Armmuskeln stärken – es gibt viel zu tun. Bald darauf das Üben mit dem Rollator. Langsam vorwärts gehen, Schritt für Schritt, immer ein paar Meter weiter. Kurze Atempausen an der warmen Holzwand der Sportplatzhütte. Sein großes Erfolgserlebnis: es ganz alleine mithilfe des Rollators vom Therapieraum hinauf in den zweiten Stock, zu seinem Zimmer zu schaffen.

Ich bin während dieser Monate von donnerstagabends bis montagvormittags in Tobelbad. Auch hierher kommen die Kinder abwechselnd zu Besuch. Peter lernt vom Rollstuhl aus, sich in ein Auto zu setzen, das klappt erstaunlich gut und wir machen bald darauf kleine Ausflüge. Auch das erste gemeinsame Abendessen beim Urdlwirt mit Backhendl und Salat und einem Glaserl Wein haben wir ganz andächtig zelebriert.

Michael Schmied, ein guter Freund aus St. Stefan ob Stainz, holte meinen Mann samt Rollstuhl an einem Nachmittag ganz spontan ab und brachte ihn zu einer beliebten Buschenschank mit einem wunderbaren Ausblick über das Schilcher-Weinland. Er machte ihm damit eine riesengroße Freude! Bei Schinkenbrot und Apfelsaft genoss er diesen geschenkten Nachmittag.

Im Oktober wurden die Vorbereitungen für sein Nachhausegehen getroffen. Dazu war ich eingeladen, ein Wochenende in Tobelbad in einer so genannten Sozialwohnung gemeinsam mit Peter zu verbringen. Um zu lernen, worauf ich besonders aufpassen musste. Es funktionierte gut und in der ersten Novemberwoche war es dann so weit. Ausstaffiert mit Rollstuhl, Krücken und guten Ratschlägen fuhren wir heim auf die Turrach. Kein Wunder, dass wir sehr aufgeregt waren. Nach mehr als zehn Monaten kehrte Peter wieder nach Hause zurück. Bevor wir vor dem Hochschober ausstiegen, bat er mich, bei der Landesgrenze kurz stehen zu bleiben – er wollte ein paar Schritte „üben". Er wollte ohne Rollstuhl, ohne Krücken, alleine wieder bei der Türe hineingehen.

So war es dann auch. Karin empfing ihren Vater mit einem Schluchzen aus tiefer Seele. Alle Mitarbeiter vom Haus standen zur Begrüßung in der Halle. Ein langes, schweres Jahr war nun beinahe überstanden.

Wussten sie schon

Von Wilhelm Willms (1930–2002)
Auslegung von Lukas 8,26ff.
Aus: Der geerdete Himmel, 1986

Wussten sie schon,
dass die Nähe eines Menschen
gesund machen
krank machen
tot und lebendig machen kann?

Wussten sie schon,
dass die Nähe eines Menschen
gut machen
böse machen
traurig und froh machen kann?

Wussten sie schon,
dass das Wegbleiben eines Menschen
sterben lassen kann?

Wussten sie schon,
dass das Kommen eines Menschen
wieder leben lässt?

Wussten sie schon,
dass die Stimme eines Menschen
einen anderen Menschen wieder aufhorchen lässt
der für alles taub war?

Wussten sie schon, dass das Wort
oder das Tun eines Menschen
wieder sehend machen kann.
Einen, der für alles blind war
der nichts mehr sah
der keinen Sinn mehr sah in der Welt
und in seinem Leben?

Wussten sie schon,
dass das Zeithaben für einen Menschen
mehr ist als Geld
mehr als Medikamente
unter Umständen mehr
als eine geniale Operation?

Wussten sie schon,
dass das Anhören eines Menschen
Wunder wirkt
Dass das Wohlwollen Zinsen trägt
Dass ein Vorschuss an Vertrauen hundertfach
zu uns zurückkommt.

Wussten sie schon,
dass Tun mehr ist als Reden?
Wussten sie das alles schon?
Wussten sie auch schon,
dass der Weg vom Wissen über das Reden
zum Tun interplanetarisch weit ist?

Hotelmenschen nach ihrer Pensionierung

Was machen eigentlich Hotelmenschen nach ihrer Pensionierung? Können sie überhaupt in Pension gehen? Für mich kann ich sagen: Ich konnte und durfte vierzig Jahre lang im Hochschober gemeinsam mit meinem Mann arbeiten, Hürden nehmen, mitgestalten, Einfluss üben, Kritik und Lob erfahren, Ideen einbringen, uneingeschränkt und selbstständig tätig sein. Ich durfte mitverantwortlich sein für dieses besondere Haus mit seinen ganz besonderen Menschen. Heute schaue ich auf das Ganze mit einem angenehmen Gefühl von Abstand und Zufriedenheit zurück.

Zeit zu haben – das tut mir unglaublich gut. Zeit für unsere Enkelkinder. Zeit für unser kleines Domizil und den schönen Garten in Seeboden. Dort kann ich am Vormittag „anschaffen" und am Nachmittag „selber tun". Kann schalten und walten wie ich will. Zeit zu haben für einander, achtsam miteinander umgehen. Auf die kleinen, wichtigen Dinge achten, die früher oft unbeachtet blieben. Zeit zu haben für neue Reisen, große und kleine. Wir sind neugierig, interessiert und nach wie vor abenteuerlustig!

Peters „Knochen" sind das Aussortieren und Selektieren von gesammelten Schriftstücken aus seiner aktiven Zeit. Was ist es wert und was ist wichtig genug, aufgehoben zu werden, was kommt weg. Dann gibt es da seinen PC, sein iPad – und seine Hassliebe gegenüber solchen Dingen. Das Orgelspiel, die Übungen. Seine ausgedehnten Wanderungen. Seine Enkelkinder – wenn die kommen, dann leuchten seine Augen. Das ist für ihn das Schönste.

Wir dürfen zufrieden, dankbar und stolz sein. In der Rückschau und im Hier und Jetzt. Stolz auf unsere erwachsenen Kinder und ihre Familien, die – ein jeder auf seinem Platz – Großartiges leisten, ihr Leben leben. Neben meiner ganzen Begeisterung und der Liebe zu meinem Beruf, würde ich heute mehr auf Selbstbesinnung achten, auf ein gesundes Maß an Egoismus. Aber hinterher ist man ja immer gescheiter!

> **Das Leben kann man nur nach vorne leben,**
> **aber nach rückwärts schauend erst verstehen.**
>
> Søren Kierkegaard

Jahresringe des Baumes, um das eigene Leben zu betrachten

Von Friedrich van Scharrel,
in den 1980er-Jahren evangelischer Pfarrer von Wiedweg

Jahr um Jahr legt der Baum einen Ring dazu. Die Jahresringe erzählen eine Geschichte. Von guten und warmen Sommern, von der Ruhe im Winter; von Leben in Konkurrenz zu anderen Bäumen um Licht und Freiraum. Der Sonne hat der Baum seine Äste entgegengestreckt, der Wind spielte in ihnen. Nur in stürmischen Zeiten können die Äste einander auch schlagen und verletzen. Und im Fallen eines Baumes aus der Nachbarschaft wird so manches vom eigenen mitgerissen, werden Wunden geschlagen, die nur langsam verheilen. Hattest du genug Platz? Konntest du dich frei entfalten, oder wurdest du gehemmt, standest du im Schatten der anderen? Träumtest du nicht oft von einem ganz anderen Leben? Wie der Baum seine Äste der Sonne entgegenstreckt, so hast du dich gesehnt nach Wärme und Glück. Oder standest du alleine und überstandest so manchen Sturm? Es hat viel Kraft gekostet. Wie ein Ast wurde so manches weggeknickt, weggerissen aus deinem Leben. Die Jahre sind dir ins Gesicht geschrieben, und was tief drinnen sich eingezeichnet hat, ist wie unsichtbare Jahresringe. Wir wachsen wie ein Baum. Wir strecken uns der Güte entgegen, saugen die Wärme der Menschlichkeit in uns auf. Wir wachsen an den Widerständen und bekommen die Kraft aufrecht und fest zu stehen.

Nachwort

Von Karin Leeb

Über Generationen hinweg

Wer hätte gedacht, dass aus dem Hochschober-Programmpunkt des „Biografischen Schreibens“ gleich die Biografie meiner Mutter werden könnte? So hat sie – wie es ihre stille Art ist – pünktlich zum 10-Jahres-Hochschober-Jubiläum meinem Mann und mir und allen in der Familie dieses kostbare Geschenk gemacht.

Als wir 2002 beschlossen hatten, heim auf die Turracher Höhe zu kommen, „damit der Hochschober der Hochschober bleibt“, bekamen wir nicht selten vom „schweren Erbe“ und den „großen Fußstapfen“ zu hören. Die Verantwortung war uns, aus heutiger Sicht, nicht in ihrer ganzen Tragweite bewusst. Was sicher auch gut war. Einen Schuss Naivität und Unbedarftheit braucht es für eine derartige Entscheidung. Und das starke und sichere Gefühl, das Richtige zu tun.

Verantwortung für die Menschen und das große Drumherum empfinden wir meist als Freude. Wenn Ideen aufgehen und wir damit Menschen berühren können. Aber auch als Last, wenn Gäste bitter enttäuscht werden oder negative Zahlen uns im Nacken sitzen. Was mir immer vor Augen führt: Es ist nicht die Frage, wie oft wir straucheln, sondern dass wir immer wieder sicheren Tritt fassen.

Was meine Mutter im Hinblick auf den Hochschober als „Mikrokosmos“ beschreibt, ist für mich ein lebender Organismus. Das Haus, das geprägt ist von allen Menschen, die hier seit Jahrzehnten und Generationen ein und aus gehen. Jeder hat ein Stück von sich hier gelassen oder – im besten Fall – gute Impulse für sein Leben mit nach Hause genommen. Natürlich, es gibt modernere, stromlinienförmigere, homogenere und stylishere Ferienhotels. Was für mich den Hochschober aber unverwechselbar macht: dass es gelebte Werte und Regeln gibt, die das Miteinander möglich machen. Das Miteinander von Gästen, Mitarbeitern und Unternehmerfamilie, das Miteinander der Generationen und unterschiedlicher Lebensmodelle. Und dass dieser „Hausbrauch“ nicht in einem „Mission & Vision Statement“ niedergeschrieben sein muss. Viele Menschen, die unser Haus betreten, spüren den Unterschied. Weil sie selbst ähnliche Werte leben und bereit sind, sich auf uns einzulassen. Mit einem Blick, der bereit ist, unter die Oberfläche zu gehen.

Und noch etwas macht für mich den Hochschober aus: die Offenheit und die Neugierde für fremde Kulturen – bei aller regionalen Verwurzelung in der Region. Fremdes nicht der Exotik willen, sondern damit wir von diesen Kulturen lernen können, ich denke da an Rituale wie die Hamam-Waschung oder die Tee-Zeremonie. Oder die Standfestigkeit und Flexibilität wie im Yoga-Weg. Der Hochschober öffnet Türen zu neuen Strategien für ein erfülltes Leben: Kreativität im Malkurs erfahren, Bildung und Lesevergnügen in der Literatur finden, gesunde Ernährung ausprobieren ohne verzichten zu müssen. In Zeiten großer gesellschaftlicher und globaler Veränderungen möchten wir ein sicherer und verlässlicher Ort sein, wo die Menschen Kraft tanken können für die vielfältigen Herausforderungen in ihrem Leben.

Vieles in der Biografie meiner Mutter hat mich berührt und aufgewühlt. Aus der Tochter-Sicht, aber auch aus der Sicht einer Mutter. Die sich fragt: Wie gelingt denn uns der Spagat zwischen Familie und Betrieb? Schaffen wir die Balance zwischen Nähe und Distanz? Unsere Kinder werden uns eines Tages den Spiegel vorhalten. Ein wenig tun sie es heute schon. Das ist gut.

HOTEL SIDI DRIS
MATMATA

Spannend wie ein Roman – und doch ein wahres Leben: Maria Pink schildert in bewegenden Szenen, wie sie sich aus kleinen Verhältnissen zu einer selbständigen und selbstbewussten Frau entwickelt hat. Aus der Schulabbrecherin wurde eine der beliebtesten Journalistinnen des Landes, die dann als Ombudsfrau ihre eigenen Erfahrungen nutzen konnte, um denen zu helfen, die es schwer haben.
Mehr als eine Autobiografie – ein wesentliches Zeitdokument!

Maria Pink
MITTENDRIN IM NIRGENDWO
Erinnerungen
304 Seiten, 13,5 x 21,5 cm
Hardcover mit SU
€ 24,99 · ISBN 978-3-7012-0102-0

Neu und spannend erzählt treten uns die Sagen aus der Vergangenheit plötzlich in ungeahnter Aktualität entgegen. Jede Geschichte greift hinein in unser Leben und verbindet uns mit der Weisheit der Vergangenheit. Begeben Sie sich auf eine Entdeckungsreise in das geheimnisvolle Land der Mythen und Sagen des Alpen-Adria-Raumes. Wandeln Sie auf den Traumpfaden und lauschen Sie den Mythenwebern. Sie werden reich beschenkt von dieser Reise zurückkehren.

Wilhelm Kuehs

SAGEN AUS KÄRNTEN, FRIAUL UND SLOWENIEN

224 Seiten, 13,5 x 21,5 cm
Hardcover mit SU
€ 19,99 · ISBN 978-3-7012-0115-0